Wolfgang Michael

Die Formen des unmittelbaren Verkehrs zwischen den deutschen Kaisern und souveränen Fürsten vornehmlich im X., XI. und XII. Jahrhundert

Wolfgang Michael

Die Formen des unmittelbaren Verkehrs zwischen den deutschen Kaisern und souveränen Fürsten vornehmlich im X., XI. und XII. Jahrhundert

ISBN/EAN: 9783955642778

Auflage: 1

Erscheinungsjahr: 2013

Erscheinungsort: Bremen, Deutschland

@ EHV-History in Access Verlag GmbH, Fahrenheitstr. 1, 28359 Bremen. Alle Rechte beim Verlag und bei den jeweiligen Lizenzgebern.

Die

Formen des unmittelbaren Verkehrs

zwischen

den Deutschen Kaisern

und

souveränen Fürsten

vornehmlich im X. XI. und XII. Jahrhundert.

Von

Dr. Wolfgang Michael.

Hamburg und Leipzig.
Verlag von Leopold Voss.
1888.

Vorrede.

Als ein Beitrag zur Geschichte des Völkerrechts im Mittelalter darf die vorliegende Arbeit bezeichnet werden. Denn die Formen und Gebräuche, mit denen sie sich beschäftigt, erscheinen in so hohem Grade durch feste Rechtsregeln geordnet, dafs wir sie unter den Begriff des Völkerrechts bringen müssen, soweit denn überhaupt von einem Völkerrecht im Mittelalter gesprochen werden darf.

Der Zusammenhang zwischen dem ersten und dem zweiten Teil unserer Untersuchung wäre gering, wenn nicht der Versuch gemacht würde, beide schliefslich auf dieselben Gesichtspunkte hinauszuführen. Indem sie dazu beitragen sollen, auf die Stellung der Fürsten zueinander, die wir hier persönlich und brieflich verkehren sehen, einiges Licht zu werfen, müssen schliefslich beide Betrachtungsreihen gewissermafsen in eine einzige zusammenfliefsen.

Bei der Behandlung des brieflichen Verkehrs hätten sich vielleicht noch mehr häufig auftretende Formen feststellen lassen, als es hier geschehen ist. Doch leicht können auch solche Dinge für feste Norm gehalten werden, die sich durch blofsen Zufall einige Male wiederholen; und ich wollte in dieser Beziehung lieber zu wenig als zu viel gethan haben. Immer hatte ich es ja auch nur mit den Briefen der Fürsten an einander zu thun, und nur was diesen eigen, sollte hervorgehoben werden.

Man möge mir auch zugute halten, dafs hier zum ersten Male eine ausführliche diplomatische Behandlung mittelalterlicher Briefe unternommen wird, dafs kein Vorbild vorhanden gewesen, dem ich folgen konnte.

Die einschlägigen Briefe sind so zerstreut, ihre Zahl ist so grofs, dafs ich kaum hoffen darf, alle berücksichtigt zu haben. So viel aber hoffe ich, dafs durch das Heranziehen des einen oder andern weiteren Briefes die allgemeine Ansicht von den Formen, in denen dieser Briefwechsel sich bewegt hat, nicht wesentlich geändert werden wird.

Vielleicht allzuweit habe ich mich bei der Behandlung des Formalienstreites zwischen Friedrich I. und Hadrian IV. auf die dabei auftauchenden kritischen Fragen eingelassen. Doch wenn einmal deren Beantwortung versucht wurde, konnte es kaum anders als in voller Ausführlichkeit geschehen.

Was im besonderen Ragewin angeht, so sollte es mich freuen, wenn ich vielleicht bei diesem Anlasse ein Scherflein beigetragen hätte zur richtigen Beurteilung dieses sonderbaren Historikers, der in der Nichtachtung geistigen Eigentums wohl alle übrigen mittelalterlichen Schriftsteller noch übertrifft.

London, 23. März 1888.

Dr. Wolfgang Michael.

Inhalts-Verzeichnis.

	Seite
Vorrede	IV
Einleitung	I
I. Der persönliche Verkehr	5
Persönlicher Verkehr mit dem Könige von Ungarn	5
„ „ „ „ „ „ Dänemark	7
„ „ „ „ Herzoge von Polen	12
„ „ „ „ Könige von Burgund	16
„ „ „ „ „ „ Frankreich	17
„ „ „ „ Papst	38
„ „ „ „ griechischen Kaiser	53
II. Der briefliche Verkehr	59
Der mittelalterliche Briefstil im allgemeinen	59
Die mittelalterlichen Theorien des Briefstils	63
Der briefliche Verkehr souveräner Fürsten vor 911	73
Briefwechsel mit dem Papst	78
1. Der Briefwechsel bis 1159	79
2. Der Konflikt zwischen Friedrich I. und Hadrian IV.	98
3. Der spätere Briefwechsel bis 1197	120
Briefwechsel mit dem Könige von Frankreich	126
„ „ „ „ „ England	128
Zwei Briefe des Königs von Dänemark	131
Briefwechsel mit dem griechischen Kaiser	132
Einige Äufserlichkeiten des brieflichen Verkehrs	137
Schlufs	139
Verzeichnis der betrachteten Zusammenkünfte mit Quellenangabe	141
Berichtigungen	149
Register	150

Einleitung.

Die folgenden Untersuchungen sollen eine Seite des internationalen Verkehrs im Mittelalter zum Gegenstande haben. Es handelt sich darum, die Formen festzustellen, in denen deutsche Könige und Kaiser mit auswärtigen souveränen Fürsten in unmittelbare Verbindung zu treten pflegten.

Dieser Verkehr kann ein persönlicher und ein brieflicher sein; beide Arten sollen uns beschäftigen.

Wir beginnen mit der Regierung Konrads I., desjenigen Fürsten, den man als den ersten deutschen König bezeichnen muſs. Der briefliche Verkehr soll bis zum Tode Heinrichs VI. verfolgt werden, für die Betrachtung der Umgangsformen ist vielleicht mit dem Jahre 1250 ein passender Abschluſs gefunden. Die Fürsten im unmittelbaren Verkehr mit einander kennen zu lernen, hat noch ein besonderes Interesse, weil in den dabei zu Tage tretenden Formalitäten die Auffassung von ihrer völkerrechtlichen Stellung zu einander sich abspiegelt; lediglich die Auffassung freilich, mit der das thatsächliche Verhältnis durchaus nicht immer übereinstimmt, wie letzteres ja überhaupt schwankend sein muſste, entsprechend der verschiedenen Bedeutung, welche die jeweiligen Herrscher ihrer Stellung zu verschaffen verstanden.

Aber schon die Auffassung kennen zu lernen ist nicht ohne Gewinn, denn immer wieder werden alte Theorien und alte Formen hervorgeholt und gelegentlich auch zur Verwirklichung gebracht, wenn man sie längst vom Strome der Zeit verschlungen glaubt. Keine Epoche hat mit solcher Zähigkeit an Theorien festgehalten, wie eben das Mittelalter, und sie sind das wesentlich fest stehende Prinzip der beständig schwankenden Realität der Verhältnisse gegenüber.

Zum richtigen Verständnis der auftretenden Formalitäten wird es daher unerläfslich sein, hin und wieder wenigstens flüchtige Seitenblicke auf das völkerrechtliche Verhältnis der in Frage kommenden Länder zum deutschen Reiche zu werfen. Die politischen Ereignisse, so verlockend ihre nähere Betrachtung in vielen Fällen auch sein mag, dürfen uns doch nur dann und immer nur soweit beschäftigen, als sie geeignet sind, irgendwie das Verständnis der unsren Gegenstand bildenden Verkehrsformen zu erleichtern.

Es macht wohl kaum je einen Unterschied für die Verkehrsformen, ob der deutsche Herrscher König oder Kaiser ist. Denn seit Ottos I. Zeit, der mit der Kaiserwürde zugleich die höchste Machtstellung im Abendlande errang, dachte man sich diese hohe Würde mit der Person des deutschen Herrschers verbunden, gleichviel ob derselbe König oder Kaiser sei. So wird ja auch oft der deutsche König noch vor seiner Kaiserkrönung von auswärtigen Schriftstellern als Kaiser bezeichnet; und das unklare Verhältnis zwischen dem römisch- deutschen und dem griechischen Kaisertum offenbarte sich sofort, als Konrad III., der doch nur deutscher König war, auf dem zweiten Kreuzzuge mit dem Griechenkaiser in persönlichen Kontakt trat.

Welches sind nun die Fürsten, die wir in unsre Betrachtung ziehen müssen? Ich glaube, dafs es sich empfiehlt, sie in zwei Gruppen zu teilen, nämlich erstens die Fürsten mit voller Souveränität — das sind: der Papst, die Könige von Frankreich und England und der Kaiser von Byzanz; zweitens die Fürsten mit schwankender Souveränität, bald Vassallen des Reichs, bald ganz unabhängig — dazu rechne ich die Könige von Ungarn, Dänemark und den Herzog von Polen. Ähnlich ist die Stellung Burgunds. Böhmen lasse ich aufserhalb der Betrachtung, da der Herzog, später König von Böhmen fast vollständig als Reichsfürst erscheint. Gelegentlich werden wir auch über einzelne Fälle eines Verkehrs mit andern als den genannten Fürsten zu berichten haben. Am Schlusse gebe ich ein Verzeichnis der betrachteten Zusammenkünfte mit den wichtigeren für die einzelnen in Betracht kommenden Quellen, welches eine Übersicht über die für das Ceremoniell überhaupt herangezogenen Stellen erleichtert. Mit diesem Verfahren ist der Nutzen verbunden, daſs die Quellencitate im Text auf eine verhältnismäſsig geringe Zahl beschränkt werden können, so daſs dieser nicht allzu sehr mit Anmerkungen beschwert zu werden braucht.

I. Der persönliche Verkehr.

Verkehr mit dem Könige von Ungarn.

Ungarns Zusammenhang mit dem Reiche war niemals fest begründet oder von längerer Dauer. Es waren vorzugsweise Thronstreitigkeiten und innere Parteiungen, die dem deutschen Könige Gelegenheit gaben, sich in die Verhältnisse des Landes zu mischen und, freilich nur für kurze Zeit, die Lehnshoheit des deutschen Reiches über Ungarn aufzurichten. Mit Waffengewalt hatte Heinrich III. durch mehrere Kriegszüge seinen Schützling Peter, der ihm fußfällig als Hilfeflehender genaht war, als König in Ungarn eingesetzt. Feierlich lud ihn dieser ein, mit ihm gemeinschaftlich das Pfingstfest des Jahres 1045 in Stuhlweißenburg zu begehen, und hier huldigte er ihm als seinem Lehnsherrn, bewirtete ihn und schenkte ihm vieles Gold, das nun Heinrich sofort an seine Mannen, die Sieger aus dem vorjährigen Feldzuge, verteilte.[1]

Doch die deutsche Herrlichkeit in Ungarn war nicht von langer Dauer. Nach Heinrichs III. Tode schloß die Kaiserin Agnes 1058 mit Ungarn einen Frieden, durch den dieses Land

---

[1] *Annales Altahenses maj. 1045. Herim. Aug. 1045.*

faktische Unabhängigkeit gewann.[1] Fortan machte sich wohl noch hin und wieder deutscher Einfluſs in Ungarn geltend, aber die souveräne Würde des Königs von Ungarn unterlag in unsrer Periode kaum noch einem Zweifel. Die wenigen Fälle persönlichen Verkehrs der Herrscher deuten ebenfalls darauf hin. Die dabei auftretenden Formen lassen sich kurz erledigen. Jener Friede von 1058 wurde bei einer Zusammenkunft geschlossen, die auf dem Marchfelde[2] (an der Grenze) stattfand.

Wiederholt beschenkte der ungarische König den deutschen. Als Heinrich IV. 1063 beim König Salomo in Stuhlweiſsenburg war, beschenkte dieser nicht nur ihn, sondern auch die anwesenden deutschen Fürsten.[3] Friedrich I. erhielt bei seinem Durchzuge im Jahre 1189 vom Ungarnkönig Bela eine prächtige Aufnahme. Schon in Preſsburg ließ ihn dieser durch Gesandte willkommen heiſsen. Als Friedrich sich der Hauptstadt Gran näherte, zogen ihm der König und seine Gemahlin Margaretha, eine Schwester des Königs Philipps II. August von Frankreich mit tausend bewaffneten Begleitern entgegen, um ihn freundschaftlich und ehrerbietig zu begrüſsen. In der Nähe von Preſsburg verweilte das deutsche Heer einige Tage, während welcher der ungarische Herrscher und seine Gemahlin den Deutschen kostbare Geschenke darreichten, unter denen namentlich ein prächtiges, wunderbar gearbeitetes Zelt erwähnt wird. Dagegen schenkte Friedrich bei seiner Abreise von Ungarn jenem die Schiffe, die dem deutschen Heer von Regensburg an gefolgt waren und also jetzt, wo man die Donau verließ, für die Kreuzfahrer nutzlos waren. Auch suchte Bela den Kaiser durch eine groſse Jagd zu ergötzen, die auf einer Insel der Donau, vermutlich der Andreasinsel, stattfand. Reichlich versorgte Bela das deutsche Heer mit Getreide und

---

[1] Es ist freilich vielleicht etwas zu viel gesagt, wenn Büdinger (*Ein Buch ungar. Gesch.* p. 1) behauptet, Ungarn habe sich 1058 „auf dem Fuſse stolzer Gleichberechtigung mit der damaligen legalen Obergewalt romanisch-germanischer Nationen, dem deutschen Königtume, freundlich verständigt." Von deutscher Seite hat man damals wohl den Anspruch auf Lehnshoheit noch nicht aufgegeben.

[2] *St. 2559.*

[3] *Ann. Altah. maj.* 1063.

erleichterte den Marsch desselben. Freilich mag er froh gewesen sein, als die unermefslichen Kriegerschaaren sein Land verlassen hatten.[1]

Will man die Stellung dieser Staaten zweiten Ranges (Dänemark, Ungarn, Polen) zum Reich darnach bemessen, wie oft und ob überhaupt ihre Fürsten auf Hoftagen des deutschen Kaisers erschienen — und ich glaube, dafs dies der offenkundigste Beweis einer Abhängigkeit vom Reiche allemal ist — so nimmt Ungarn die erste Stelle unter ihnen ein. Wohl kommt es vor, dafs der ungarische König in seinem eigenen Lande dem deutschen als seinem Lehnsherrn huldigt, aber kein Beispiel haben wir, dafs er auf einen deutschen Reichs- oder Hoftag gekommen sei und hier dem Könige den Treueid geleistet habe. Die zweite Stelle werden wir Dänemark anzuweisen haben: nur selten erscheint der dänische König in Deutschland als Vassall des Reiches; Polen nimmt die dritte Stelle ein: gar oft begegnen wir dem Herzoge auf deutschen Hoftagen und sehen ihn der Hoheit des deutschen Reiches sich beugen.

Persönlicher Verkehr mit dem Könige von Dänemark.

Unter den auswärtigen Staaten, die in einem Abhängigkeitsverhältnis zum deutschen Reiche standen, war wohl Dänemark nächst Ungarn derjenige, der durch diese Abhängigkeit am wenigsten in seiner Selbständigkeit beschränkt wurde.

Ein getreues Abbild dieses bald stärkeren bald loseren Lehnsverbandes geben die zwischen den Herrschern beider Reiche stattfindenden, freilich nicht zahlreichen Begegnungen, die wir nun zunächst in ihrer rein staatsrechtlichen Bedeutung uns ver-

---

[1] So spricht sich schon Ansbertus aus. *Fontes rer. Austr.*, 1. Abt. V. 18.

anschaulichen wollen, um dann auch einige spezielle Verkehrsformen, soweit sie sich feststellen lassen, ins Auge zu fassen.

Nicht vor der Zeit der fränkischen Kaiser kommen diese persönlichen Begegnungen in unsrer Periode vor. Konrad II. und Kanut der Grofse, der zugleich König von England war, scheinen 1027 in Rom auf gleichem Fufse verkehrt zu haben; wenigstens ist hier von einer Hoheit des Kaisers über Kanut nirgends die Rede. Erst Heinrich III. hat seine Oberhoheit über den dänischen König wirklich zur Geltung gebracht. Als König Svend 1049 eine Flotte zum Kriege gegen Flandern in eigener Person dem Kaiser zuführte, leistete er ihm zugleich den Eid der Vassallentreue. Und wenn den König auch sein eigenes Interesse dem Kaiser in die Arme trieb[1], so ist es doch bemerkenswert, dafs es in der Quelle heifst, Heinrich habe vom Könige von Dänemark die Hilfeleistung verlangt, den englischen König um indirekte Unterstützung gebeten.[2] Noch klarer offenbart sich das Lehnsverhältnis, wenn Heinrich III. 1053 den König Svend vor sich nach Merseburg beruft. Dieser folgt der Ladung auf Grund der Pflicht des Vassallen des deutschen Reiches, auf den Hoftagen des Königs zu erscheinen. So sehen wir auch wiederholt den Herzog von Polen auf deutschen Hoftagen. Wie aber diese Lehnshoheit fast lediglich in der blofsen Anerkennung derselben von seiten des dänischen Königs ihren Ausdruck gefunden hatte, so ist schon während der stürmereichen Regierung Heinrichs IV. wenig davon zu merken. Wenn Floto[3] von der Zusammenkunft Heinrichs IV. mit Svend im Jahre 1071 sagt: „Der Däne wird Heinrich dort den Eid der Treue geleistet haben, wie er es einst dem Kaiser gethan", so ist das eine Vermutung, für welche die Quellen keinen Anhalt bieten.

Kaiser Lothar hat abermals, durch dänische Thronstreitigkeiten begünstigt, die Hoheit des deutschen Reiches über Däne-

---

[1] Vgl. Steindorff, *Heinrich III.*, B. II., p. 69.

[2] Florentius Wigorn. *Chron. a. 1049 ed.* Thorpe I. 201. *Suanus, ut imperator illi mandarat cum sua classe affuit.... Misit quoque ad regem Anglorum ... et rogavit illum ne Baldwinum permitteret effugere.*

[3] *Kaiser Heinrich IV.*, B. I., p. 361.

mark zur Anerkennung gebracht. König Nikolaus und sein Sohn Magnus bekannten sich 1131 als Vassallen des Reiches und wie 1053 Svend vor Heinrich III. in Merseburg, so erschien 1134 Magnus auf Lothars Geheiſs vor ihm in Halberstadt. Der Kaiser erkannte ihn durch Verleihung der königlichen Insignien als König an, lieſs sich aber in feierlicher Weise von Magnus den Lehnseid leisten und das Versprechen ablegen, daſs kein König in Dänemark fortan ohne Einwilligung des deutschen Königs die Herrschaft antreten werde. Und „ein erhabenes Schauspiel, wie es noch an keinem Orte je erblickt worden"[1], bot sich aller Augen, als am heiligen Osterfeste dem im Krönungsschmucke nach der Kirche wallenden Kaiser der gleichfalls gekrönte Dänenkönig das Schwert vorantrug.[2] Häufig kommt dieser Brauch des Schwerttragens vor. Es erscheint allgemein als Ehrenpflicht des ersten Lehnsmannes, dem Herrn an festlichen Tagen das Schwert voranzutragen; bei den deutschen Königen fällt diese Rolle den auswärtigen Lehnsträgern zu, wenn sie anwesend sind.[3]

Voll und ganz beanspruchte auch Friedrich I. diese Hoheit, als er 18 Jahre später, im Jahre 1152 behufs Beendigung des dänischen Thronstreites beide Prätendenten vor sein Schiedsgericht berief. Es ist offenbar jenes von Magnus dem Lothar und seinen Nachfolgern zugestandene Recht auf die Besetzung des dänischen Thrones, auf das sich Friedrich stützte, wenn er so tief in die inneren Verhältnisse Dänemarks eingriff. Es folgte die Belehnung des einen Prätendenten mit dem Schwerte, und dieser trug wieder wie 1134 dem deutschen Könige das Schwert voran. So augenscheinlich wurde hier der Vorgang vom Jahre 1134 befolgt, daſs es geradezu unerfindlich ist, mit welchem Rechte Prutz[4] sagt: „durch seinen Schiedsspruch den dänischen Thronstreit beendend brachte Friedrich die alte, längst vergessene Oberhoheit des deutschen Reiches über den nordischen Inselstaat zuerst wieder zur

---

[1] *Ann. Col. max. Rec. I. M. G. Ss.* XVII. 757 *et pulchro spectaculo, nusquam retro prioribus temporibus audito* . . . .
[2] So die Quellen übereinstimmend, namentlich *Ann. Patherbr. 1134.* (her. v. Scheffer-Boichorst).
[3] cf. Waitz *Vfg.* VI. 34.
[4] *Friedrich I.*, B. I. 39.

Geltung." Diesem von dem dänischen Könige Svend anerkannten Lehnsverhältnis zum Reich entsprach es, wenn sich dessen Nachfolger Waldemar auf Friedrichs I. Ladung im Jahre 1162 zu ihm nach Dole begab, um dem beabsichtigten allgemeinen Fürstenkongreſs zu St. Jean de Losne, der uns noch an andrer Stelle beschäftigen wird, beizuwohnen. Es ist sicher, daſs bei dieser Gelegenheit Waldemar dem Kaiser den Lehnseid leistete[1], wahrscheinlich auch ohne die Einschränkungen, die Saxo Grammatikus au dieser Stelle hinzufügt, um seinen Helden nichts von seiner Gröſse einbüſsen zu lassen.[2]

Endlich war noch 1181 eine Zusammenkunft zwischen Friedrich I. und Waldemar, über die uns Saxo (p. 949 ff.) interessante Einzelheiten berichtet, deren Glaubwürdigkeit freilich nicht durchweg feststeht. Friedrich belagerte Lübeck, die Stadt Heinrichs des Löwen. Waldemar gab die Bundesgenossenschaft des Herzogs auf und kam mit einer stattlichen Flotte dem Kaiser zur Hilfe. Deutsche Ritter zogen ihm, wie wir glauben sollen auf Friedrichs Befehl, entgegen und dankten ihm für sein Kommen. Als Waldemar soweit wie möglich den Fluſs aufwärts gefahren ist, fragen die Gesandten, ob er wünsche, daſs Friedrich ihm auf halbem Wege entgegenkomme, der Dänenkönig aber zieht es vor ins Lager des Kaisers zu gehen. Dieser lohnt diese Bescheidenheit durch einen ehrenvollen Empfang. Er umarmt und küſst Waldemar und führt ihn, nachdem er den Mantel abgelegt, durchs Lager, indem er wie ein Herold der Menge aus dem Wege zu gehen befiehlt. Das Zelt, in das man sich begibt, stürzt ein durch den Andrang der Menge, welche begierig ist, den fremden König zu sehen. Alles ist voller Bewunderung für seine stattliche Schönheit, neben welcher Friedrich nur als ein „homuncio" erscheint. Endlich läſst ihn Friedrich von denselben Personen, die ihn empfangen, in ein Zelt zur Ruhe geleiten. Am andren Tage erfolgt die Unterredung, nach welcher die Fürsten sich trennen.

---

[1] Godefr. Viterb. M. G. XXII. 319 erzählt dies mit den pomphaften Worten: *Rex ibi Danus erat, prebens ingentia dona; Poscit ut imponat Cesar sibi rite coronam.*

[2] Vgl. Dahlmann, *Geschichte von Dännemark I.*, 303—305

Was die Orte betrifft, an denen diese Zusammenkünfte stattfanden, so braucht hier nur allgemein gesagt zu werden, dafs allemal die Wahl des Ortes sich aus der Natur der Dinge ergab. Wenn der dänische König auf einen Hoftag kam, so geschah es auf Geheifs des deutschen, der den Ort bestimmt. Wir haben noch einen Brief[1], in dem der König Svend Friedrich I. bittet, ihm den Ort zu nennen, wo er vor ihm erscheinen dürfe.

Die Unterredung zwischen Heinrich IV. und Svend 1071 wird von Lambert ohne Ortsangabe erwähnt, nach Adam von Bremen soll sie in Lüneburg stattgefunden haben und Bruno verlegt sie nach Bardowiek. Es wird schwer sein, in diesem Falle eine sichere Entscheidung zu treffen, und demgemäfs ist die Zusammenkunft von einigen Historikern nach Lüneburg[2], von andern nach Bardowiek[3] verlegt worden. Ich möchte in diesem Falle der Angabe Brunos den Vorzug geben, da dieser gleich darauf (c. 21) vom castellum Liuniburg, quod ibi prope erat spricht, sich also mit der Örtlichkeit wohl vertraut zeigt. Im Jahre 1131 zog Lothar mit einem Heere gegen den dänischen König Nicolaus und seinen Sohn Magnus, um die Ermordung des Vetters des letzteren, seines Lehnsmannes Kanut zu rächen. Er kam bis an das Danewirke, auf dessen Nordseite die Dänen lagerten. Ohne einen Kampf zu beginnen, erklärte sich Lothar zufrieden mit Anerkennung der deutschen Hoheit und Zahlung einer Bufse. Bei den Verhandlungen hinüber und herüber spielt das Danewirke, zu dessen beiden Seiten die feindlichen Könige lagerten, ganz dieselbe Rolle, wie wohl sonst der Grenzflufs. Man erwartet fast die Könige auf dem Grenzwall zusammentreten zu sehen[4], die

---

[1] Wibald 337 ap. Jaffé, *Bibl.* I. 467.

[2] So Dahlmann I. 177, Giesebrecht III. 166, auch Ranke, *Weltgeschichte* VII. 233.

[3] So Stengel 267, Floto I. 361.

[4] Es ist hier von Interesse, zu erwähnen, dafs an der Eider, dem deutsch-dänischen Grenzflufs, Erzbischof Adalbert von Hamburg, der mächtige Kirchenfürst des Nordens, wiederholt Zusammenkünfte mit König Svend von Dänemark hatte. Diese Begegnungen zweier staatsrechtlich sich ziemlich gleich stehenden Fürsten erinnern ganz an die unten zu besprechenden Zusammenkünfte zwischen deutschen und französischen Königen. Adam III. 20.

wahrscheinlichste Annahme ist aber, daſs Magnus zu Lothar ins Lager kam und ihm dort huldigte.[1]

Immer waren die nahe der Grenze wohnenden Reichsfürsten an der Erhaltung des guten Einvernehmens zwischen den beiden in Frage kommenden Staaten besonders interessiert und traten daher häufig als Vermittler bei Zusammenkünften der Herrscher auf. So war es der Erzbischof Adalbert von Hamburg, der 1053 und 1071 die bereits besprochenen Zusammenkünfte vermittelte.[2]

Die Sitte des Schenkens scheint hin und wieder zwischen dem deutschen und dänischen König geübt zu sein. Kanut wird 1027 in Rom von Konrad II. mit goldenen und silbernen Gefäſsen und kostbaren Gewändern beschenkt.[3] Waldemar kam 1162 zum Kaiser prebens ingentia dona.[4]

Persönlicher Verkehr mit dem Herzoge von Polen.

Von den drei Staaten, deren Verhältnis zum deutschen Reiche geschwankt hat, ist Polen derjenige, dessen Lehnsverband am längsten gedauert und am wenigsten eine bloſse Theorie bezeichnet hat.

Seit Ottos des Groſsen Zeit ist die Oberherrlichkeit des Reiches unbestritten und sie ist es noch am Ausgang unsrer

---

[1] So hat schon Saxo Gramm. (ed. Müller und Velschow 645) den Helmold verstanden und berichtet demgemäſs. *Magnus . . . . supplex Lotharium veneratus est.* So erzählt auch Dahlmann I. 231, Giesebrecht IV. 70, während Bernhardi, *Lothar* 406, von einer Begegnung zwischen Lothar und Magnus nicht spricht.

[2] Wie Adalbert selbst mit dem Dänenkönige verkehrte, erzählt Ad. Brem. *M. G. Ss.* VII. 342: *Venit in Sliaswig, ubi facile notus et reconciliatus superbo regi, muneribus et conviviis certavit archiepiscopalem potentiam regalibus anteferre divitiis. Denique sicut mos est inter barbaros ad confirmandum pactum federis opulentum convivium habetur vicissim octo dies.*

[3] Kanuts Brief. Orig. Guelf II. 165.

[4] Godofr. Vit., *M. G.* XXII. 319.

Periode. Natürlicherweise hat diese Oberherrlichkeit in ihrer faktischen Bedeutung sehr gewechselt, je nach der Stärke der einzelnen Regierungen und dem Werte, den man darauf legte, jene auszuüben. Es ist nicht viel, was wir an Formalitäten zu erwähnen haben, die im Verkehr des deutschen Kaisers mit dem Herzoge von Polen auftreten, und es sind fast dieselben Formalitäten, welche wir schon bei den dänisch-deutschen Zusammenkünften kennen gelernt und gewürdigt haben. Wiederholt erscheint der Polenherzog am deutschen Hofe; so in den Jahren 973, 984, 985, 991 in Quedlinburg vor Otto I., Heinrich dem Zänker (der die Königswürde usurpiert hatte), Otto III. und Theophano. Es ist unnötig, alle weiteren Fälle aufzuzählen.[1]

Was den Umstand betrifft, daſs hier einige Male die Stadt Quedlinburg dieselbe Rolle spielt, so erklärt sich dies daraus, daſs Quedlinburg unter den für Hoftage beliebten Orten wohl damals besonders häufig diesem Zwecke diente und daſs man den Polenherzog nur dazu veranlaſste, auf Hoftagen an solchen Orten zu erscheinen, die nicht allzu weit von der polnischen Grenze entfernt lagen. So sehen wir ihn auch mehrfach auf Hoftagen in Merseburg. In diesem Punkte unterscheiden sich doch diese halbsouveränen Fürsten von den Reichsfürsten, daſs jene nur in besonderen Fällen und nur auf solche Hoftage beschieden wurden, die nicht sehr weit von ihrem Gebiete entfernt tagten. Niemals glaube ich, hat sich der König von Dänemark oder der Herzog von Polen an den Hof des deutschen Herrschers begeben, wenn derselbe in Süddeutschland weilte.[2]

Auch der Treueid wird wie vom Dänenkönige so vom Herzoge von Polen häufig dem deutschen Kaiser geleistet, z. B. 985 und 1013. Und 1013 und 1135 trägt der Polenherzog jenem das Schwert voran.

Ein Gleiches ist es mit den Geschenken. Fast bei jedem

---

[1] Sie sind leicht aus dem Verzeichnis am Schlusse zu ersehen.
[2] Waldemars Anwesenheit in Dole 1162 kann nicht unter diesem Gesichtspunkte betrachtet werden. Dort hielt Fr. nicht einen Hoftag ab, sondern zu einer groſsen Kirchenversammlung hatte er auch alle Könige Europas berufen.

Zusammentreffen. findet sich erwähnt, wie man sich von beiden Seiten reich beschenkt hat. Fand die Begegnung am Hofe des Kaisers statt, so wurde wahrscheinlich der Polenherzog mit kostbareren Geschenken bedacht als er selbst sie bot. Denn inbezug auf das Schenken scheint die Anschauung im Mittelalter dahin zu gehen, dafs der vornehmere Fürst mit reicheren Geschenken hervortreten müsse.[1] Wie die Bedeutung eines Fürsten sehr vielfach nach dem Glanz und dem Reichtum, den er entfalten konnte, abgeschätzt wurde, so erscheint es auch natürlich, dafs bei Ottos III. Anwesenheit in Gnesen im Jahre 1000 Boleslaw seinen Reichtum durch die Fülle und Pracht seiner Geschenke zu zeigen bemüht war. Übrigens ist es aufser Zweifel, dafs die stark an die Märchen von 1001 Nacht erinnernde Schilderung in der Chronica Polonorum[2] gewaltig übertrieben ist. Berichtet doch eine deutsche Quelle geradezu, Otto habe von den Geschenken nichts angenommen, was freilich nicht auf eine Sitte, wie sie dem französischen Könige gegenüber 1023 erwähnt wird, zu deuten wäre, sondern als Erlassung des Tributes angesehen werden mufs.[3]

Die Begegnung des Jahres 1000 ist auch für uns wegen des Empfanges interessant, der Otto III. von Boleslaw bereitet wurde. Bei Eilau am Bober, wo Otto wahrscheinlich diesen die Grenze bildenden Flufs überschritten hatte, erwartete ihn Boleslaw und geleitete ihn sodann in feierlichem Zuge nach seiner Hauptstadt Gnesen. Als Otto Polen verliefs, begleitete ihn Boleslaw und war noch lange bei ihm auf seiner weiten Reise durchs Reich.[4]

---

[1] Klar malt sich diese Auffassung in den Worten der *Ann. Altah. maj. 1043*, wo von dem Böhmenfürsten die Rede ist: *qui decentia munera regi detulit .... rediit regiis donis honoratus* (offenbar eine Steigerung) und: *Legati quoque Ruzonum magna dona tulerunt, sed maiora recipientes abierunt.*

[2] *M. G.* IX. 428.

[3] So schon Giesebrecht I. 730. Vgl. auch H. Zeifsberg in der *Zeitschr. f. öster. Gymn.* 1867, 313—348.

[4] So Zeifsberg. Wir wollen hier auf Thietmars Erzählung V. 6. aufmerksam machen, wo wir erfahren, wie der Markgraf Hodo mit dem

Ein interessanter Vorgang hat sich im Jahre 1017 an der Ostgrenze des Reichs abgespielt, als dort Gesandte des deutschen Kaisers mit Boleslaw von Polen verhandelten. Dieser Fall mag auch in diese Betrachtung gezogen werden, da der Verkehr hier in einer Weise vor sich geht, wie er wohl zwischen gleichberechtigten Fürsten zu sein pflegt.[1] Die Bevollmächtigten Heinrichs II., der nicht selbst mit dem Polenherzoge in Berührung trat, aufser wenn dieser sich als Vassall am deutschen Hofe einstellte, forderten ihn auf, auf deutsches Gebiet an die Elbe zu kommen, um dort mit ihnen zu unterhandeln. Er antwortete, das werde er nicht wagen. Darauf erbieten sich die Bevollmächtigten an die schwarze Elster zu gehen. Diese bildete die Grenze. Doch er erwiedert, er werde auch nicht die Brücke über diesen Flufs überschreiten. Diese schroffe Zurückweisung wurde auf deutscher Seite als schwere Beleidigung empfunden und darum der Krieg erklärt. Wie es immer ein Ausdruck entgegenkommender Gesinnung war, wenn man sich auf das nachbarliche Gebiet zuerst oder überhaupt begab (es stand in der Regel dem an Rang niedrigeren Fürsten zu), so war man in diesem Falle beleidigt, weil Boleslaw sich überhaupt weigerte, deutschen Boden zu betreten, und auch ihm selbst mag damals die Absicht zu provozieren nicht fern gelegen haben.

Ganz wie ein Reichsfürst erscheint der polnische Herzog im Jahre 1071, da Heinrich IV. einen Streit zwischen ihm und dem Böhmenherzoge beilegte, nachdem er beide vor sich nach Meifsen beschieden hatte. Ich würde hier freilich nicht, wie Giesebrecht (III. 169/70) es thut, dem Lambert nacherzählen, Heinrich habe die beiden Herzoge hart angelassen — das klingt

---

Polenherzog verkehrte. Fast gröfsere Ehre scheint wohl zuweilen von einem auswärtigen Herrscher einem solchen deutschen Grenzfürsten erwiesen zu sein, als dem Kaiser selbst. Mit jenem trat er oft in freundliche und feindliche Berührung; seine Freundschaft wufste er zu schätzen, seine Feindschaft mufste er fürchten. Der Kaiser mochte oft weit weniger furchtbar erscheinen.

[1] Thietmar VII. 36, Vgl. Hirsch-Brefslau, *Jahrbücher Heinrichs II.*, B. III. p. 49/50.

sehr unwahrscheinlich und Lambert konnte wohl nichts davon wissen.

Der Polenherzog mufste sich 1157[1] und, wie es scheint[2], auch schon 1133 selbst zur deditio bereit finden, wie sie sonst rebellischen Unterthanen auferlegt wurde. Es ist jene Form einer scheinbaren Ergebung auf Gnade und Ungnade, bei der freilich die Begnadigung und die Bedingungen derselben stets vorher festgestellt waren.[3]

Persönlicher Verkehr mit dem Könige von Burgund.

Eigentümlich ist die kurze Geschichte des burgundischen Reiches. Im Anfang wird man die Könige als souverän bezeichnen dürfen, seitdem Otto I. mit mächtiger Hand in die burgundischen Verhältnisse eingegriffen, wohl nicht mehr. Vollends Rudolf III., der für seinen Todesfall sein Reich dem Kaiser vermachte und ihm von den burgundischen Grofsen zu seinen eigenen Lebzeiten huldigen liefs[4], erscheint nicht mehr als ein souveräner Fürst.

Von einem persönlichen Verkehr des burgundischen Königs mit dem deutschen ist wenig die Rede. Möglich, dafs unter jenem König Rudolf, der 926 bei Heinrich I. in Worms weilte, der Burgunder verstanden ist[5], es liegt wohl näher, an den gleichnamigen König von Frankreich zu denken. 935 war der

---

[1] Ragewin III. 5.
[2] cf. Brefslau, *Konrad II.*, B. II. p. 80 N. 2.
[3] Vgl. z. B. Die Schilderung einer deditio bei Ragewin III. 48.
[4] cf. Waitz, *Forschungen* XIII. p. 492—494. Hirsch-Brefslau, III. 36, N. 3.
[5] cf. Waitz, *Heinrich I.*, p. 92.

burgundische König auch bei jener Begegnung am Chiers, über die wir noch zu sprechen haben werden.

Wenn sich der junge Konrad an Ottos I. Hof als Flüchtling aufhielt, so kann wohl nicht daran gedacht werden, daſs er wie ein König mit Otto verkehrte; in der That ist nichts derartiges überliefert. Endlich Rudolfs III. Verkehr mit Heinrich II. hat eine gewisse Ähnlichkeit mit dem Erscheinen der Herrscher von Polen und Dänemark auf deutschen Hoftagen. Rudolf ist verhindert, nach Bamberg zu kommen, sicut vocatus erat.[1] Er begibt sich aber im selben Jahre nach Straſsburg zu Heinrich, der ihn freundlich aufnimmt und ihm ineffabilem pecuniam schenkt. Zwei Jahre später erscheint er an des Kaisers Hofe zu Mainz.

Persönlicher Verkehr mit dem Könige von Frankreich.

In der ersten Zeit nach der Teilung des Frankenreiches standen sich das ost- und das westfränkische Reich in ihrer staatsrechtlichen Würde ganz gleich. Alsdann wurde mit dem deutschen Königtum die römische Kaiserwürde verbunden, Italien wurde mit Deutschland zu einer Herrschaft vereinigt, und so entstand hier eine Macht, mit der sich keine andre in Europa vergleichen konnte. Wie nun dieses Kaisertum mit andern Staaten in Berührung tritt, sehen wir stets auch im persönlichen Verkehr der Staatshäupter die Superiorität des deutschen Reiches — auch wenn jene nicht zu Vassallenstaaten geworden sind — klar ausgedrückt. Zwei Ausnahmen sind gleichwohl zu konstatieren. Zunächst der Papst. Gemäſs dem religiösen Sinne des Mittelalters muſs auch der höchste weltliche Herrscher doch dem Stellvertreter Christi an Rang nachstehen. Die zweite Ausnahme

---

[1] Thietmar VII. 20.

bildet der französische König. Denn im persönlichen Verkehr des Kaisers mit ihm sehen wir keineswegs die gröfsere Machtstellung des deutschen Reiches, die doch sicherlich bestanden hat, zum Ausdruck gebracht.

Eine ganz hervorragende Rolle im Verkehr der deutschen und französischen Könige hat die Wahl des Ortes gespielt, an dem die Begegnungen stattfanden.

Wie seit dem Vertrage von Verdun die Grenzen zwischen dem Ost- und Westreiche eigentlich beständig Gegenstand des Streites bildeten und niemals scharf gezogen sind, so gab es sicherlich viele Punkte, deren Zugehörigkeit zum Ost- oder Westreiche umstritten war und die daher zeitweilig als eine Art von neutralen Stätten zwischen beiden Reichen betrachtet wurden. Verhältnismäfsig einfach lag noch die Sache in denjenigen Gegenden, wo ein Flufs die Grenze bildete, und auch hier fehlte es oft an Klarheit über die Grenzverhältnisse. So wird z. B. in der Gegend von Sedan bald die Maas bald ihr kleiner Nebenflufs Chiers als Grenzflufs bezeichnet.

Die genauere Betrachtung der einzelnen Punkte, an denen zwischen den Königen von Deutschland und Frankreich Zusammenkünfte stattgefunden haben, wird, wie ich glaube, zu der Ansicht führen, dafs man allemal bestrebt war, den Akt des Zusammentreffens selbst an einem neutralen Punkt erfolgen zu lassen.

Die erste Zusammenkunft in unsrer Periode fand im Jahre 921 zwischen Heinrich I. und Karl dem Einfältigen auf dem Rheine bei Bonn statt. Lothringen gehörte damals zum westfränkischen Reiche, es scheint aber doch, dafs wenigstens das rechte Rheinufer, auch soweit man es zu Lothringen rechnete, gröfstenteils zum deutschen Gebiet gehörte. Demnach hätte der Rhein die Grenze gebildet.

Wie war es nun zu bewerkstelligen, dafs sich die Könige auf einem neutralen Punkte trafen? Der Flufs selbst wurde als neutral betrachtet: also eine Zusammenkunft auf dem Flusse. Im Rhein wird in der Mitte ein Schiff festgeankert, von beiden Seiten kommen die Könige herangefahren, beide besteigen das festliegende Schiff, und auf diesem findet die Unterredung statt.

Wir werden im Verlauf der Darstellung noch eine ganze Reihe von Fällen kennen lernen, wo die Zusammenkunft an einem Fluſs in der Weise vor sich geht, daſs die beiden Fürsten zu beiden Seiten des Flusses ihr Lager haben und nun auf verschiedene Weise den Zusammentritt veranstalten. Darum zunächst eine Bemerkung über die Flüsse.

Wie die Grenzflüsse eben schlechtweg neutrale Streifen bildeten und keineswegs eine so scharfe Abgrenzung, wie sie heute mit dem Thalweg gegeben ist, existierte, so war auch ein Fluſs, dessen beide Ufer einem und demselben Staate gehörten, nach der Anschauung des Mittelalters durchaus nicht in demselben Maſse Eigentum des betreffenden Staates wie die Ufer, es begegnet vielmehr häufig die Anschauung, daſs eine eigentliche Staatshoheit auf dem Flusse selbst überhaupt nicht existiere. Einige passende Beispiele finden sich in englischen Quellen. So war 1199 eine Besprechung zwischen Richard Löwenherz und Philipp II. August von Frankreich. Zu diesem Zwecke fuhr Philipp August die Seine hinab bis in die Gegend von Vernon und Andelys, wo beide Ufer normännisch, d. h. damals englisch waren. Um nun englischen Boden nicht zu betreten, blieb er auf seinem Schiff und besprach sich von hier aus mit dem am Ufer hoch zu Rosse befindlichen englischen König.[1] Es leuchtet ein, daſs in diesem Falle das Bett des Flusses, auch mitten in englischen Landen, als neutraler Boden betrachtet wurde. Warum aber kommt dann der englische König nicht zu dem französischen auf das Schiff? Vielleicht aus Furcht. Richard hatte volle Ursache, vor hinterlistigen Gewaltstreichen auf seiner Hut zu sein. Vielleicht wurde aber auch schon das Schiff, wie die heutige Anschauung ist, als französischer Grund betrachtet, auf den sich also der Engländer ebenso wenig begeben wollte, wie der Franzose auf den englischen. Trifft die letztere Vermutung das Richtige, so liegt darin zugleich eine Erklärung des sonderbaren Vorganges von 921. Ein als neutral angesehenes — vielleicht auf gemeinschaftliche Kosten gekauftes oder auf ähnliche Weise beschafftse

---

[1] Roger de Hoveden ed. Stubbs IV. 79. Mathaeus Paris, *hist. min.*, p. 84.

Schiff dient den Königen zum Versammlungspunkt, während weit einfacher sonst der eine auf das Schiff des andren hätte kommen können.

Die Zusammenkünfte an oder auf Flüssen scheinen einer uralten germanischen Sitte zu entsprechen. Der Gothenkönig Athanarich schloſs mit Kaiser Valens mitten auf der Donau einen Frieden (Ammian. Marcell. XXI. IV. 3). Chlodowech hatte vor 507 eine Zusammenkunft mit dem Westgothenkönig Alarich auf einer Loireinsel bei Amboise (Gregor. Turon. II. 35). Von Interesse ist auch die Rolle, welche die Flüsse vielfach im 10. Jahrhundert in Frankreich gespielt haben, nämlich im Kampfe der aufrührerischen französischen Groſsen gegen ihren König. So z. B. Flodoard 924. 928. 942. Hier scheint man den Fluſs zur Zusammenkunft deshalb gewählt zu haben, um vor gegenseitigen Überfällen sicher zu sein. Dieses Motiv ist offenbar auch allgemein der Ursprung der Sitte gewesen, ja es hat vielleicht auch später noch zur Erhaltung derselben beigetragen. Vielleicht kann man allgemein behaupten, daſs das Königslager nach dem Muster der Kriegslager errichtet wurde, ja, daſs es selbst ein Kriegslager gewesen sei. Im Kriege war nun ein Lager wohl am sichersten angelegt, wenn sich zwischen dem eigenen und dem feindlichen Heere ein Fluſs befand. Denn so war ein Überfall kaum zu befürchten, da bei dem Mangel an Brücken ein Übergang nicht leicht unbemerkt bewerkstelligt werden konnte.

Diese Praxis, die sich im Kriegsfall sehr häufig findet (so zwischen den kriegführenden Fürsten Otto II. und Lothar von Frankreich 978 an der Aisne [1]), mochte auch bei friedlichen Zusammenkünften zweier Könige nicht unangebracht erscheinen, da bei den im Mittelalter sehr schwachen Begriffen von Völkerrecht und bei der immer kampflustigen Stimmung der die Könige umgebenden Ritterschaft ein feindlicher Überfall wohl niemals ausgeschlossen war. Dazu kam nun für Zusammenkünfte die Wahl des Grenzflusses, und nun traten spezielle Fragen des Ceremoniells hinzu, wie die, in welcher Weise die erste Begegnung vor sich

---

[1] *Gesta episcoporum Camerac.* I. 98.

gehen solle, welcher von beiden Königen dem andren auf dem jenseitigen Ufer zuerst einen Besuch abzustatten habe u. s. w. So ist allmählich die Theorie entstanden, daſs sich die Könige an den Grenzfluſs zu begeben hätten, um hier einander zu begegnen. Bei diesen Zusammenkünften begnügt man sich freilich damit, nur die erste Begegnung auf dem Flusse zu veranstalten, oder selbst das unterbleibt. So wird die Theorie nicht immer in ihrer ganzen Schärfe innegehalten, aber sie schwebt gleichsam in der Luft, und zuweilen sehen wir alte Formen, aus dem Staub der Jahrhunderte hervorgesucht und in veränderten Zeiten sich seltsam ausnehmend, aufs neue Leben gewinnen.

Betrachten wir weiter die Orte, an denen deutsch-französische Zusammenkünfte gewesen sind. Heinrich I. hatte 923 eine Begegnung mit dem französischen Gegenkönige Robert super fluvium Ruram, wie Flodoard (923) erzählt.

Darunter hat Waitz (p. 72) die Roer verstanden, nach Oesterley ist es die Ruhr. Ich halte die letztere Annahme für wahrscheinlicher, weil die Ruhr damals, was wir freilich nicht genau wissen, recht wohl die Grenze gebildet haben kann; von der Roer ist das nicht möglich.

Wahrscheinlich[1] schon 931 hat eine Zusammenkunft zu Ivois (in der Gegend des heutigen Carignan) am Chiers stattgefunden, an einer Stelle, wo im Laufe der Zeit noch eine ganze Reihe ähnlicher Fälle vorgekommen sind. Der Chiers, welcher unweit Ivois in die Maas mündet, flieſst hier in geringer Entfernung von derselben mit ihr parallel. Ivois lag auf dem rechten Ufer des Chiers, auf dem rechten Ufer der Maas liegt Mouzon. Da sowohl der Chiers wie die Maas als Reichsgrenze bezeichnet werden, so scheint das dazwischen liegende Gebiet wie ein neutrales angesehen worden zu sein, obgleich es wohl offiziell zum deutschen Reiche gehörte. Es kam vielleicht dazu, daſs das Kloster Mouzon politisch noch zum deutschen Reiche, kirchlich aber zur Erzdiözese Reims gehörte.[2]

Hier also fand wahrscheinlich zuerst 931 eine Zusammen-

---

[1] S. Waitz, *Heinrich I.*, p. 144.
[2] Vgl. Breſslau, *Konrad II.*, B. II. 406.

kunft statt. Die zweite war vielleicht 935. Eine Urkunde[1] des deutschen Königs ist datiert vom 8. Juni 935 iuxta flumen Char, in demselben Jahre hat Heinrich mit den Königen von Frankreich und Burgund eine Zusammenkunft gehabt, sodafs die Annahme nahe liegt, jene Urkunde sei bei Gelegenheit dieser Zusammenkunft ausgestellt. Es folgt in den ersten Tagen des August 947 eine Begegnung zwischen Otto I. und Ludwig IV. am Chiers. Da damals Herzog Hugo ebenfalls in jener Gegend, zwischen Mouzon und Douzy[2], lagerte, so scheint es, dafs auch er den deutschen König aufsuchen wollte, wozu es aber wohl nicht gekommen ist. 980 fand die Aussöhnung zwischen Otto III. und Lothar ebenfalls am Chiers statt. Den Ort nennt Richer (III. 78) Margolius, eine Urkunde Ottos (St. 765) ist datiert: in loco qui dicitur Margoil super fluvium Cher. Wo dieser Ort gelegen habe, läfst sich nicht mehr mit Bestimmtheit sagen. Von den Orten, an welche man schon gedacht hat[3], ist Margut, nicht um seines Namens willen, der einige Schwierigkeit bietet, sondern wegen seiner Lage am Chiers unweit Carignan (Ivois) derjenige, an den man, glaube ich, in erster Linie denken mufs. Daneben können in Frage kommen: Marville am Othain, Margny ein wenig nordöstlich von Margut und Mairy zwischen Maas und Chiers.

987 sollte auf dem linken Maasufer bei Montfaucon eine Zusammenkunft zwischen Ludwig IV. und Adelheid stattfinden, die freilich nicht zu stande kam.[4] Hugo Capet forderte Theophano in einem uns erhaltenen Briefe[5] auf, mit ihm in Stenay an der Maas (unweit Mouzon) zusammenzutreffen.

Am Chiers hat auch 1023 eine Begegnung zwischen Heinrich II. und Robert stattgefunden, über die wir genauere Berichte besitzen. Darnach wurde damals erst von beiden Seiten der Vor-

---

[1] St. 47.
[2] *circa Mosomum et Duodiacum.* Flod. 947.
[3] cf. Sickel in d. *Mitt. des Instituts f. öst. Gesch.*, 2. Ergänzungsband, 1. Heft 1886.
[4] Gerberti *epistolae* 96.
[5] ib. 128.

schlag gemacht, wie 921 auf dem Rhein, so auf dem Chiers[1], zusammenzukommen. Aber man sah von dieser alten Form ab, Heinrich in stolzer Demut stattete zuerst seinem königlichen Freunde in Mouzon einen Besuch ab, und am folgenden Tage kam dieser zu ihm nach Ivois. Daſs damals die Begegnung auf einer Insel der Maas stattgefunden, wie Waitz (Vfg. V. 137. N. 4) meint, ist ein Irrtum, der durch eine unrichtige Auslegung der Worte des Rodulfus Glaber entstanden ist. Dieser erzählt, der Vorschlag sei gemacht worden, ut in fluminis medio navibus portarentur simul locuturi. Damit ist ein Verfahren, wie es 921 befolgt worden, gemeint; von einer Insel der Maas ist keine Rede, die Maas bildet hier überhaupt keine Inseln. Übrigens wurde auch jener Vorschlag nicht einmal befolgt.

Drei Zusammenkünfte hat Heinrich III. bei Ivois mit König Heinrich I. von Frankreich gehabt, 1119 sollte zu Mouzon eine Begegnung Heinrichs V. mit dem Papste Calixt II. stattfinden, die aber scheiterte (wir werden darauf zurückkommen), 1187 traf Friedrich I. zwischen Ivois und Mouzon zu einer Besprechung mit Philipp August von Frankreich zusammen, und noch fast 200 Jahre später, als diese letzte Zusammenkunft gewesen, berichten die Annales Mosomagenses zum Jahre 1362 von der Anwesenheit vieler hochstehender Persönlichkeiten zu Mouzon, so auch des Kaisers Karls IV. und des französischen Dauphin.

Nicht minder groſse Bedeutung hat als Versammlungsplatz der deutschen und französischen Könige ein zwischen Toul und Vaucouleurs gelegenes Thal, Val de l'One genannt. Die in diesem Falle noch genauer bekannte Örtlichkeit soll die umstehende Skizze veranschaulichen.

[Die Entfernung von Vaucouleurs nach dem Val de l'One über Rigny wird auch heute nicht viel weniger als 1½ Stunden betragen, wenn man die Straſse über die Maas benutzt. Existierte diese damals noch nicht, so muſste man die Maas abwärts

---

[1] Rodulfus Glaber spricht dabei offenbar ohne Kenntnis der Örtlichkeit von der Maas. Beide Könige befinden sich auf dem rechten Ufer der Maas; zwischen ihnen flieſst der Chiers. Sollen sie also auf einem Flusse zusammentreffen, so muſs es dieser sein.

bis zur Mündung des Deuil und dann diesen aufwärts gehen, was ein Weg von reichlich 1½ Stunden sein würde. Rigny St. Martin ist offenbar das alte Rinel mit seiner Martinskirche. Dicht bei Vaucouleurs liegt Thusey, etwas mehr flufsabwärts Void — in dem wir vielleicht das alte Veusegus erblicken dürfen. cf. p. 33.]

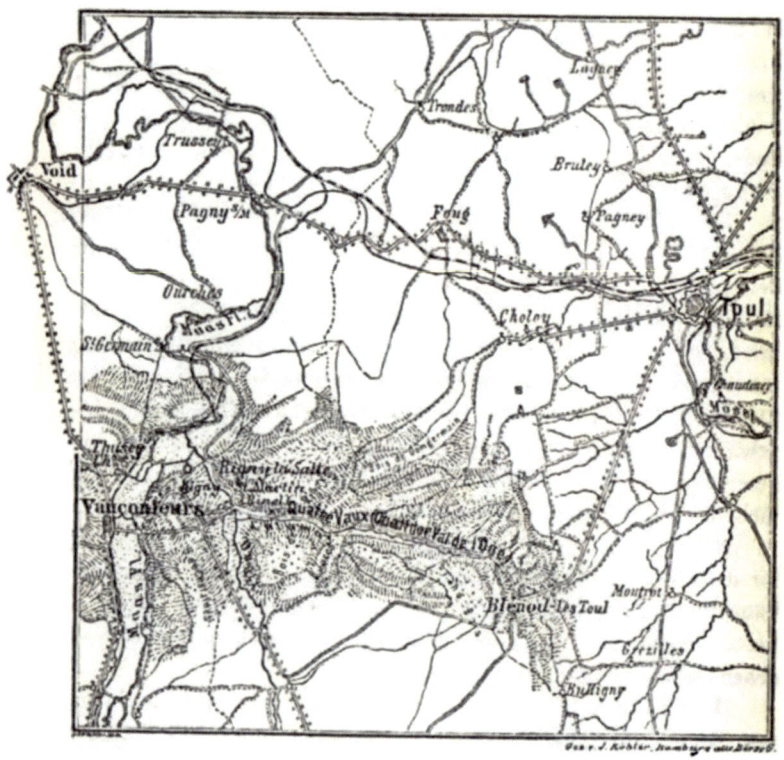

Hier fand die erste sicher nachzuweisende Zusammenkunft 1170 zwischen Friedrich I. und Ludwig VII. von Frankreich statt. Die auf den 25. Juni 1193 angesetzte Begegnung an eben dieser Stelle scheiterte durch die Intriguen Richards von England. Am 18. November 1212 traf hier Friedrich II. mit dem französischen Erbprinzen Ludwig zusammen, am 18. November 1224 Heinrich (VII.) mit Philipp August von Frankreich. Offenbar nicht ohne Absicht wurde 1224 auch dasselbe Datum für die Zusammenkunft gewählt wie zwölf Jahre zuvor.[1]

Nach 1224 fand bis zum Jahre 1299 keine Begegnung zwischen deutschen und französischen Königen statt. Die von 1299, obgleich so viel später und aufserhalb der zeitlichen Grenzen, die wir uns gesteckt haben, schliefst sich doch durch den Umstand, dafs auch sie wieder in jener Gegend zwischen Toul und Vaucouleurs stattfand, so natürlich an die vorhergehenden an, dafs auch sie hier herangezogen werden mag. Auch ist diese Zusammenkunft, da wir über sie weit besser unterrichtet sind als über die vorhergehenden, wohl geeignet, auch auf diese einiges Licht zu werfen. Damals begab sich Albrecht durch Lothringen nach Toul, Philipp IV. fand sich in Vaucouleurs ein. Auf einer Wiese im Thal, Val de l'One oder Quattuor Valles[2] genannt, etwa 1½ Stunde von Vaucouleurs entfernt, fand die Begegnung der Könige statt. Auf die Begrüfsungsformen werden wir noch zu sprechen kommen. In dem nahen Rinel (Rigny St. Martin) gingen sie gemeinschaftlich am ersten oder am zweiten Tage in die Martinskirche, wo sie die Messe hörten und wo von Philipp ein Porträt angefertigt wurde, das 1390 noch erhalten war. Am Abend des ersten Tages begaben sich beide Fürsten mit Gefolge und Mannschaften, die sie mit sich nach dem Val de l'One gebracht hatten, zurück nach ihren Lagern in Toul und Vaucouleurs, so dafs jeder König auf seinem eigenen Gebiete übernachtete. Am nächsten Tage kamen sie abermals am selben Orte zusammen; und nun gingen die Beratungen vor sich, während das ritterliche Gefolge auf deutscher und französischer Seite die Kraft des Armes

---

[1] Dafs dasselbe Datum für mehrere Zusammenkünfte gewählt wurde, findet sich auch bei englisch-französischen Zusammenkünften. 1199 und 1200 am 13. Januar. Roger de Hoved. ed. Stubbs IV. 79. Math. Paris, *hist. min.* p. 84.

[2] Val de l'One sagt die 1390 aufgenommene Grenzinformation (Leibniz *cod. iur. gent.* I. 453); *apud Quattuor Valles* sind sieben UrkundenAlbrechts vom 8. Dec. 1299 datiert (Böhmer, *Regesta Albr.* 240—246). die Skizze zu p. 24.

und die Geschicklichkeit in der Führung der Waffe im
Turnier erprobte. „Davon furt maniger dan Pewl an dem
Hawpt.[1]

Vielleicht hat schon im 10 Jahrhundert in jener vielbesprochenen
Gegend bei Vaucouleurs eine Zusammenkunft zwischen dem
deutschen und französischen Könige stattgefunden. Bei Thusey
an der Maas unweit Vaucouleurs war schon 765 eine Begegnung
zwischen den Brüdern Karl und Ludwig, den Königen im west-
und ostfränkischen Reiche gewesen.[2] Wenn man anders an einen
Zusammenhang glauben darf zwischen der Rolle, die damals
Thusey und seit dem 12. Jahrhundert das in unmittelbarster
Nähe gelegene Vaucouleurs gespielt haben, so lag es für mich
nahe, wenn in der Zwischenzeit einmal der deutsche König in
dieser Gegend verweilt, an eine Zusammenkunft mit dem
französischen zu denken. Nun sind zwei Urkunden Ottos I.[3] in
Tuzzaha d. i. Thusey ausgestellt. Wir vermuten also eine Zusammenkunft Ottos I. mit dem Könige von Frankreich in Thusey.
Der Gedanke daran wird in diesem Falle bestärkt durch die
Rücksicht auf Ottos energisches Eingreifen in die westfränkischen
Thronstreitigkeiten; so oft er sich an den westlichen Grenzen
befunden hat, möchte man, etwa bis zum Jahre 951, zunächst
annehmen, er habe sich mit den Angelegenheiten des Nachbar-
reiches befafst. Einige Schwierigkeit macht die Datierung der
Urkunden. Wir dürfen beim Versuche einer Feststellung derselben, ich glaube ohne uns im Zirkel zu bewegen, schon mit
der Wahrscheinlichkeit einer Zusammenkunft operieren, da wir
diese Wahrscheinlichkeit allgemein angenommen haben und sie
nicht erst dadurch zu erweisen für nötig halten, dafs wir die
Urkunden in ein bestimmtes Jahr verlegen. Von den beiden
Urkunden, die schon des gleichen Ausstellungsortes halber in dasselbe Jahr gehören, trägt die erste das Datum des 3. August 948,
dritte Indiktion, elftes Regierungsjahr Ottos, die zweite den

---

[1] *Ottocar* bei Pez. c. 698.
[2] Dümmler, *Gesch. des ostfr. Reiches* I. 552 ff.
[3] St. 149, 150. Sickel, *M. G. Dipl. D. O.* 92, 93.

4. August und im übrigen dieselben Zeitbestimmungen. Diese drei Angaben deuten auf drei verschiedene Jahre. Die dritte Indiktion war 945, das elfte Regierungsjahr 947.

Sickel[1] hat die Urkunden in das Jahr 947 verlegt. Die Notare seien damals des laufenden Jahres nicht sicher gewesen (p. 142), statt 947 sei in diesen beiden Fällen 948 geschrieben worden. Zuverlässiger sei das Regierungsjahr, das auf 947 deute. Die Indiktion endlich sei ganz unbestimmt. Wohl sei 944 indictio I angesetzt (p. 138), aber auch diese Zählung sei nicht konsequent beibehalten worden.

Man sieht die Schwierigkeit einer Bestimmung wächst nur mit der Kenntnis der Kanzleiverhältnisse jener Zeit, und um so weniger bin ich geneigt, gegen die Autorität Sickels eine andre Einreihung zu versuchen. Eine Schwierigkeit will ich doch hervorheben, auf welche die Annahme des Jahres 947 führt. In diesem Jahr hat Otto in den ersten Tagen des August[2] mit König Ludwig IV. von Frankreich eine Begegnung am Chiers gehabt. Die Entfernung vom Chiers (Ivois) bis Thusey beträgt etwa 16 Meilen, die Fahrt auf der Maas dauerte stromaufwärts etwa 3 bis 4, stromabwärts (die Strömung der Maas ist nicht stark) 2 bis 3 Tage. War nun Otto zuerst am Chiers, so kann er von dort, wo er intrante mense Augusto die Zusammenkunft hatte, wohl frühestens am 2. August abgereist sein und also nicht schon am 3. in Thusey geurkundet haben. Nehmen wir die schon von vorneherein viel unwahrscheinlichere Reiseroute in umgekehrter Richtung an, so befindet sich Otto am 5., 6. vielleicht auch noch am 7. August auf der Reise von Thusey nach dem Chiers, die Zusammenkunft ist frühestens am 7. und 8., vielleicht auch noch am 9. August, ein Datum, auf das Flodoards intrante mense Augusto nicht mehr recht paßt. Doch wir wollen eine Entscheidung in der Datierung der Urkunden nicht treffen. Uns kommt es nur auf die Wahrscheinlichkeit einer Zusammenkunft in Thusey an, und diese ist vorhanden, wie auch immer die Datierung der zwei Urkunden zu deuten ist.

---

[1] *S. B. der Wiener Akad., hist. phil. Classe*, C. I., B. 1, p. 131 ff.
[2] Flodoard 947, *intrante mense Augusto*.

In bezug auf die späteren Zusammenkünfte zwischen Toul und Vaucouleurs läfst sich mit einiger Sicherheit die schon oben allgemein aufgestellte Behauptung erweisen, dafs man nämlich einen als neutral betrachteten Punkt für die Zusammenkünfte habe wählen wollen. Dafs man jene Wiese im Val de l'One, jene Stelle, an der vier Thäler zusammenlaufen, als einen neutralen Punkt zwischen Deutschland und Frankreich ansah, ergibt sich, glaube ich, aus folgendem Umstande. Bei der Zusammenkunft von 1299 begann die Ausführung einer Grenzbestimmung;[1] zwei Tage vorher hatte Albrecht zwei denselben Gegenstand betreffende Urkunden Rudolfs von Habsburg aus dem Jahre 1288 bestätigt, und bei der Zusammenkunft wurden an mehreren Punkten in jener Gegend, auch im Val de l'One Grenzsteine errichtet. Daraus geht hervor, dafs in der Gegend von Toul nicht mehr wie wohl früher die Maas die Grenze bildete, dafs die französische Hoheit nach Osten an Boden gewonnen hatte, dafs man aber den genauen Verlauf der Grenzlinie nicht kannte. Hundert Jahre später, als die Grenzsteine verschwunden waren, war man gerade an diesem Punkte wieder im Zweifel darüber, was deutsches und was französisches Gebiet sei. Ebenso mag schon vor 1299 lange Zeit ein Zweifel darüber bestanden haben. Darauf scheint auch der Umstand zu deuten, dafs gerade im Val de l'One an festlichen Tagen die nahe wohnende Bevölkerung aus beiden Reichen zusammenzuströmen pflegte.[2]

Ich glaube daher, dafs man dieses Thal und diese Wiese als zu keinem von beiden Reichen gehörig betrachtete, und darum wird man auch diesen Punkt für besonders geeignet zu Zusammen-

---

[1] Die von Böhmer, *Reg. Albr.* (p. 217), mit einiger Schärfe zurückgewiesene Nachricht des Guillaume de Nangis ist doch nicht ganz aus der Luft gegriffen. Es heifst dort: *Ubi annuentibus rege Alberto baronibus et prelatis regni Theutonici concessum fuisse dicitur, quod regnum Francie, quod solummodo usque ad Mosam fluvium illis in partibus se extendit, de cetero usque ad Rhenum potestatis sue terminos dilataret.* Gewaltige Übertreibung ist es freilich, wenn er sagt, das französische Gebiet habe sich fortan bis zum Rhein erstreckt, aber es läfst sich auch nicht leugnen, dafs damals in hochoffizieller Weise die Grenze von Westen nach Osten verschoben wurde.

[2] *Les journées des Estans* in der Grenzinformation.

künften beider Herrscher erachtet haben. Es ist hier ein ähnliches Verhältnis wie bei den Begegnungen zwischen Ivois und Mouzon. Obgleich in diesen Fällen meistens die Maas als Grenzfluſs bezeichnet wird, treffen sich die Könige am Chiers oder auf dem zwischen beiden Flüssen liegenden Gebiete, das offenbar wie jenes Val de l'One den Zeitgenossen als beiden Reichen in gleicher Weise zugehörig erschien.[1]

Von den übrigen Orten, an denen in unsrer Periode deutschfranzösische Zusammenkünfte stattgefunden haben, gilt ebenfalls das allgemein aufgestellte Prinzip, daſs nämlich jene an der Grenze lagen. Wir werden auch annehmen dürfen, daſs in allen Fällen die Tendenz vorlag, die Zusammenkunft an einen neutralen Punkt zu verlegen, wenn wir auch wegen der Dürftigkeit der Quellen, die meistens nur die bloſse Thatsache einer Begegnung erzählen, nur in einem Falle imstande sind, jene Tendenz klar zu erkennen. Das ist der seltsame Vorgang von St. Jean de

---

[1] Wie bei Vaucouleurs spielte sich auch bei den Zusammenkünften von Ivois und Mouzon der ganze Vorgang auf dem rechten Ufer der Maas ab. Ich glaube daher, daſs die Darstellungen bei Giesebrecht II. 196 und Hirsch-Breſslau III. 260 von der Begegnung 1023 in bezug auf die Lokalität nicht richtig sind. Beide lassen Heinrich II. die Maas überschreiten, König Robert also auf dem linken Ufer derselben lagern, was, wie ich glaube, der Sachlage nicht entspricht. Von den beiden Quellen sind die *Gesta ep. Camer.* besser als Rodulfus Glaber über die Örtlichkeit unterrichtet. Dieser sagt nur: *Nam cum aliquando ad invicem colloquendum super Mosam fluvium, qui limes est utriusque regni, convenissent* .... folgt der Vorschlag sich auf dem Flusse (*in fluminis medio*) zu treffen .... dann *imperator transiit cum paucis* .... Er hat nur gehört, daſs der Vorgang in der Nähe der Maas und an der Grenze gewesen (woraus wieder die Unbestimmtheit der Anschauung über den Verlauf der Grenzlinie hervorgeht), von genauerer Ortskenntnis ist keine Rede. Die Namen Ivois und Mouzon sind ihm unbekannt. In den in bezug auf die Örtlichkeit besser unterrichteten *Gesta ep. Cam.* begibt sich Heinrich II. nach Ivois. Als er sich dann entschlieſst, selbst dem französischen Könige den ersten Besuch abzustatten, geht er zu ihm nach Mouzon. Dieser befindet sich also auf dem rechten Ufer der Maas und von einer Überschreitung derselben kann daher nicht die Rede sein. Der Fluſs, den Heinrich überschreitet, ist der Chiers, und auf diesem ist auch in jenem Vorschlage die Zusammenkunft gedacht. Daſs die ganze Begegnung mit allen ihren Phasen sich auf dem rechten Ufer der Maas abspielt, ist auch durchaus dem entsprechend, was uns die Quellen über

Losne im Jahre 1162. Dort bildete die Saone die Grenze
zwischen dem Reich (Burgund) und Frankreich. Zu einer grofs-
artigen Kirchenversammlung hatte Friedrich I. zahlreiche geistliche
Würdenträger und alle Könige Europas berufen. Da sich unter
seinem Schutze Papst Victor IV., unter dem Schutze Ludwigs VII.

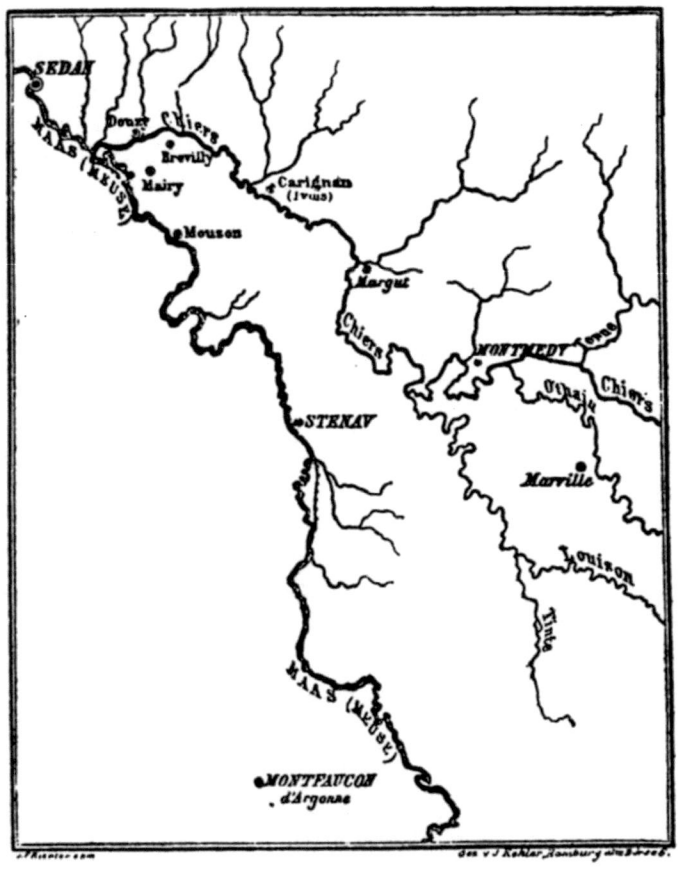

die übrigen Zusammenkünfte in dieser Gegend geben, wobei durchweg der
Chiers die Hauptrolle spielt. (S. die vorstehende Skizze, welche auch die Lage
der übrigen von uns besprochenen Orte in der Gegend von Maas und Chiers
veranschaulichen soll.)

Alexander III. befand — und den Anspruch beider Päpste auf die höchste geistliche Würde festzustellen war der Zweck der Kirchenversammlung — so sollte, man darf wohl sagen, nach dem Schema der Begegnungen deutscher und französischer Könige, zunächst eine Zusammenkunft Friedrichs I. und Ludwigs VII., in Begleitung der beiden Päpste an einem neutralen Punkte stattfinden. So wollte man sich denn am 29. August 1162 auf der über die Saone führenden Brücke bei St. Jean de Losne treffen. Welche Bedeutung man auf beiden Seiten der Innehaltung dieser übernommenen Verpflichtung beilegte, zeigt klar die weitere Entwickelung, welche die Sache nahm. Schon hatten sich beide Herrscher in jene Gegend begeben, Friedrich herbergte in Dole, wo er schon den ganzen Sommer 1162 an einem prächtigen Palast hatte bauen lassen[1], Ludwig in Dijon. Da dieser erst hier die ihm ungünstigen Bedingungen des Vertrages erfuhr und da auch der Kaiser bald einsah, dafs der Kongrefs nicht zu dem gewünschten Resultat führen werde, so bemühte man sich jetzt auf beiden Seiten, lediglich die verabredeten Formen innezuhalten, und jeder hätte die Verletzung derselben von Seiten des andren nur gern gesehen, um selbst jeder Verpflichtung ledig zu sein. So freuten sich die Franzosen schon, als Papst Victor nicht sogleich zur Stelle war; Friedrich aber liefs ihn schleunigst herbeiholen. Mit diesem begab er sich in der ersten Morgenstunde des festgesetzten Tages auf die Saonebrücke und kehrte, als er niemand fand, wieder in sein Lager zu Dole zurück. Am selben Tage zog Ludwig scheinbar zur Jagd aus und begab sich ebenfalls nach der Brücke. Während er sich dort befand, und, wie vorauszusehen war, den Kaiser dort nicht traf, verhandelten seine Gesandten mit Friedrich, um einen Aufschub der Entscheidung

---

[1] Die wie immer so besonders in diesem Falle sehr wichtigen Vorverhandlungen führte Friedrich mit dem Grafen Heinrich von Champagne, der für den Fall, dafs sein König die ausgemachten Bedingungen nicht erfülle, sich verpflichtete, sein Land von Friedrich zu Lehen zu nehmen, wie er es bisher als französisches Lehen besessen hatte. *Historia Vizeliacensis ap.* d'Achery Spicil. II. 539.

[1] Godefr. Viterb. (*M. G.* XXII. 319) schreibt mit den Worten Ovids (Met. II. 1): *Cesaris aula fuit sublimibus alta columnis.*

auszuwirken. Ludwig aber, nachdem er auf der Brücke einige Zeit vergebens gewartet hatte, wusch seine Hände im Flusse —offenbar um sich für seine Anwesenheit am Flusse auf eine vor Zeugen dort vorgenommene Handlung berufen zu können — und ging nach Dijon zurück. Eine Frist wurde sodann vereinbart; da sich innerhalb derselben aber durch die Ankunft Heinrichs II. von England, der plötzlich auf den Schauplatz trat, die politische Konstellation vollständig umgestaltete, erklärte Friedrich durch den Mund Reinalds von Dassel, dafs Ludwig sich aller seiner Verpflichtungen entledigt habe, worauf sich dieser von St. Jean de Losne in das Innere seines Landes zurückbegab. Diese Erfüllung von Verpflichtungen bestand aber in nichts andrem als in der blofsen Beobachtung von Formalitäten. Dieser Fall zeigt recht deutlich, welche grofse Bedeutung man dem ersten Zusammentreffen der Könige auf neutralem Boden allemal beilegte.

In der Betrachtung der übrigen Orte, an denen Begegnungen deutscher mit französischen Königen stattfanden, können wir uns kurz fassen. Garnicht in Betracht kommen an dieser Stelle diejenigen Fälle, in denen der französische König zu dem deutschen auf deutschen Boden sich begab (so bedeutungsvoll sie auch in staatsrechtlicher Hinsicht sein mögen), wie 926 nach Worms[1], 947 nach Aachen, 948 nach Ingelheim, die Fälle wo sie sich zu gemeinsamer Unternehmung im fernen Auslande bei einander befanden, wie auf dem zweiten Kreuzzuge und wenn der französische König den Kaiser auf der Durchreise durch Ober Italien in Mailand aufsucht, was 1192 geschah.

Im Jahre 987 sollte auf Wunsch der französischen Königin Emma eine Zusammenkunft zwischen ihr und ihrer Mutter der Kaiserin Adelheid zu Remiremont an der Mosel stattfinden. Hier war, wenn ich nicht irre, die Grenze zwischen Deutschland und Burgund.[2]

---

[1] Vgl. oben p. 16.

[2] So erscheint es auf den Karten im Atlas von Spruner-Mencke. Anders Brefslau Konrad II., B. II., p. 19, und Emmas Worte selbst: *in vicinia Romarici montis, ubi confinium Regnorum est.*

Die drei Fälle, die wir hier noch zu berücksichtigen haben, führen uns alle an den Grenzfluſs, die Maas.

Im Jahre 942 hatte Otto I. mit König Ludwig IV. eine Zusammenkunft an einem Orte, den Dudo von St. Quentin nennt: locum super Mosam qui dicitur Veusegus. Da eine Zusammenkunft an der Maas von vornherein viel Wahrscheinlichkeit besitzt, so halte ich es für unrichtig, wenn Dümmler[1] trotz dieser Angabe Dudos das Ereignis nach Vouziers an der Aisne verlegt. Wenn es schwer ist, die Lage jenes Ortes Veusegus festzustellen, so muſs man doch, glaube ich, unbedingt an der Maas, als dem Grenzflusse festhalten. Am. meisten Wahrscheinlichkeit hat vielleicht die Annahme, daſs jener Ort Voyse an der Maas sei. Seiner Lage wegen muſs auch an einen Ort gedacht werden, der heute Void heiſst und an der Maas liegt, etwa eine Meile von Vaucouleurs entfernt. Auch Vóisey kann in Betracht kommen, welches an der damaligen deutsch-französischen Grenze lag, nicht unmittelbar an der Maas, aber in der Nähe der Quelle. Etymologisch steht es auch vielleicht Veusegus am nächsten. Durch eine Urkunde wissen wir, daſs im Jahre 1006 Heinrich II. mit König Robert von Frankreich eine Zusammenkunft hatte supra Mosam. Auf Grund dieser Worte erzählt Hirsch[2], Heinrich sei „auf" der Maas mit Robert zusammengekommen. Er setzt hinzu: „Daſs man auf dem Grenzstrom getagt, ist dem, was wir von der Zusammenkunft von 1023 erfahren werden, gemäſs und erinnert an die Begegnungen Heinrichs I. und Karls des Einfältigen von 921, Ottos II. und Lothars von 980."

Von diesen drei Beispielen paſst eigentlich nur der Fall von 921. Denn 1023 blieb es bei dem Vorschlage, daſs sich die Monarchen auf dem Chiers treffen möchten, und 980 findet sich von einer solchen Form der Begegnung kein Wort erwähnt. Der Fall ist also keineswegs ein so gewöhnlicher, wie er nach Hirschs Ausführungen erscheinen könnte. Und schon darum halte ich die Übersetzung des supra Mosam durch „auf der Maas" für nicht zulässig. Bei den Zusammenkünften an Flüssen

---

[1] *Otto der Groſse* p. 128.
[2] *Heinrich II.*, B. I. 401.

heifst es fast regelmäfsig: super fluvium[1], und an dieser Stelle steht eben supra anstatt des gewöhnlichen super. Darf man also eine so seltene Bedeutung aus einem so einfachen Ausdrucke herauslesen? In den beiden Fällen, wo von dieser Form der Begegnung gesprochen wird (921 und 1023) ist der Ausdruck dafür nicht supra sondern sehr drastisch in medio fluminis. Es kommt noch hinzu, dafs die Bestimmungen von Ort und Zeit sich nicht zunächst auf die Zusammenkunft sondern auf die Urkunde selbst beziehen, sei es nun auf die Handlung oder die Beurkundung. Dafs eine der beiden letzteren aber gerade während der Zusammenkunft „auf der Maas" stattgefunden habe, ist schwer glaublich. Der ganze Passus: supra Mosam apud regale colloquium ist also wohl nicht anders zu verstehen als in dem Sinne: an der Maas bei (Gelegenheit) einer Zusammenkunft. In welcher Form diese stattgefunden, würden wir somit aus der Urkunde nicht erfahren. Also schlechtweg „an der Maas" werden wir jenen Ausdruck übersetzen. Für die Gegend, in welcher diese Zusammenkunft von 1006 stattgefunden, läfst sich eine Vermutung aussprechen. In Daniels Handbuch der Geographie (5. Aufl. 1882. B. II. 669) findet sich die Notiz: „In der Gegend (von Domremy-la-Pucelle) noch Grenzsteine, welche Kaiser Heinrich II. und König Robert als Grenzmarken zwischen Deutschland und Frankreich setzten."[2]

Wenn wir diese Worte recht verstehen, so soll der Akt der Grenzregulierung in Anwesenheit der beiden Herrscher geschehen sein. Da uns aber aufser der Zusammenkunft von 1023 am

---

[1] Man vergleiche nur einige der im Verzeichnis citierten Quellenstellen. Aus diesem super hat sich wohl der Gebrauch des französischen sur in diesem Sinne entwickelt.

[2] Ich konnte über die Sache nichts weiter in Erfahrung bringen. Der Maire von Domremy, an den ich mich wandte, teilte mir mit, dafs an Ort und Stelle niemand etwas von diesen Grenzsteinen wisse, auch nicht die „ältesten Leute". Vor etlichen Jahren müssen sie aber doch noch existiert haben. Denn ich glaube nicht, dafs die Notiz ins Bereich der historischen Legenden gehört, obgleich dies die Ansicht von M. Julien Havet zu sein scheint, an den ich mich unter andern vergeblich wandte, um vielleicht die Provenienz der Nachricht zu erfahren.

Chiers nur der Fall von 1006 supra Mosam bekannt ist, so dürfen wir wohl diese Begegnung mit einiger Wahrscheinlichkeit in die Gegend des an der Maas gelegenen Domremy-la-Pucelle verlegen. Die Grenzregulierung würde uns wieder den Ort als neutralen Punkt erscheinen lassen und wir hätten just denselben Fall wie 1299.

Noch bleibt Konrads II. Begegnung mit König Heinrich I. von Frankreich zu erwähnen, welche 1033 zu Deville an der Maas stattfand.[1]

Wir haben die wichtigste und interessanteste Seite der deutsch-französischen Zusammenkünfte kennen gelernt, indem wir die Bedeutung der Orte uns veranschaulichten, an denen dieselben sich abspielten. Ich glaube, daſs es jetzt in der That die wahrscheinlichste Behauptung sein muſs, daſs man auf neutralen Punkten diese Begegnungen abzuhalten oder wenigstens das erste Zusammentreffen stattfinden zu lassen, für die angemessenste Form hielt. Abgesehen von der merkwürdigen Rolle, welche die Wahl des Ortes im Verkehr der deutschen und fanzösischen Könige spielt, hat dieser Verkehr wenige eigentlich charakteristische Züge aufzuweisen. Die noch in Betracht kommenden Verkehrsformen können wir daher, der Bedeutung der Sache entsprechend, in kürzerer Darstellung zusammenfassen.

Jede Begegnung wurde vorher durch Gesandtschaften mit allen ihren Einzelheiten verabredet. Sowohl die äuſsere Form wie der Gegenstand der Unterredung wurde festgestellt, ehe die Herrscher selbst zusammentrafen. Nichtinnehaltung der dabei verabredeten Formen und Bedingungen wurde als Vertragsbruch angesehen. In aller Schärfe zeigt sich dies bei dem Vorgange von St. Jean de Losne. Diese Rolle des Vermittlers, oft auch noch während der Unterredung selbst, übernahm vielfach ein nahe der Grenze wohnender deutscher oder französischer Fürst, dem wegen der Lage seines Gebietes an der Erhaltung des guten Einvernehmens zwischen beiden Staaten besonders viel liegen muſste. In solcher Eigenschaft sehen wir 1048 den Bischof von Toul[2], 1193 den Erzbischof von

---

[1] Vgl. Breſslau, *Konrad II.*, B. II. Excurs III. p. 483 ff.
[2] Vgl. Steindorff, *Jahrbücher Heinrichs III.*, B. II. p. 43.

Reims, 1212 den Bischof von Metz. Für besonders wesentlich wurde auch die Innehaltung des für eine Zusammenkunft angesetzten Termins erachtet; inbezug darauf können wir wieder auf den in so vieler Beziehung denkwürdigen Fall von St. Jean de Losne verweisen.[1]

Auch für die eigentliche Begegnung gab es wohl feste, vorgeschriebene Formen. Die Beschreibung Ottokars[2] von 1299 dürfte hier auf eine gröfsere Anzahl von Fällen passen. Die Könige reiten einander in dem vielbesprochenen Val de l'One entgegen, Philipp steigt zuerst vom Pferde, Albrecht nach ihm desgleichen, sie gehen einander einige Schritte entgegen, der französische König nimmt seinen Hut ab, der deutsche folgt seinem Beispiel, alsdann umarmen und küssen sich die Herrscher vor aller Augen. Denn beider Gefolge hat inzwischen, sie selbst in der Mitte lassend, einen weiten Ring um sie gebildet, „daz man het rawm zu sehen und zu gawm."

Umarmung und Kufs ist die regelmäfsige Begrüfsungsform. Wenn im allgemeinen die deutschen und französischen Könige in ihren Umgangsformen fast gleichgestellt erscheinen, so finden sich in besonderen Fällen gleichwohl Ausnahmen.

In diesem Sinne mufs es erwähnt werden, dafs Ludwig VII. auf dem zweiten Kreuzzuge, um den vom Unglück heimgesuchten Konrad III. zu ehren, auf seinen besonderen, durch Friedrich von Schwaben übermittelten Wunsch, ihn bei seiner

---

[1] Darauf, glaube ich, beziehen sich auch in der Urkunde von 921 (*M. G. Leg.* I. 567) die Worte: *Et ea tantum die mutuis se visibus intuentes super ripas eiusdem fluminis huc et ultra, ut sui fierent fideles innoxii sacramento, quo hanc eorum conventionem fuerant polliciti.* In Rankes *Jahrbüchern* I., p. 51. übersetzt Waitz die Stelle: Und an diesem Tage blieb jeder im Gesichte des anderen auf seiner Seite, damit die Getreuen des Eides ledig würden, durch den sie diese Zusammenkunft versprochen hatten. Der Sinn des Finalsatzes ist vielleicht: damit nicht die Gesandten, welche sich eidlich für das Zustandekommen der Begegnung am bestimmten Tage verbürgt hatten, Lügen gestraft würden. — Die Begegnung selbst fand am festgesetzten Tage noch nicht statt, aber man wollte der Form genügen, indem sich die Könige von einem Ufer zum andren begrüfsten.

[2] ap. Pez c. 699.

Annäherung bei Nicäa entgegenzog[1] und ihn ehrenvoll empfing. Dasselbe wird bei der zweiten Begegnung in Lopadium wiederholt.

Es scheint üblich gewesen zu sein, daſs der deutsche und der französische König bei Zusammenkünften gemeinschaftlich die Messe hörten. Erwähnt wird es bei den ausführlicheren Beschreibungen von 1023 und 1299. Beide Male geschieht es sofort nach der Begrüſsung — man ruft den Segen Gottes herab für die wichtigen Beschlüsse, welche man zu fassen im Begriffe steht. Wohl regelmäſsig, so dürfen wir annehmen, hielten die Könige auch eine oder mehrere gemeinschaftliche Mahlzeiten ab;[2] bei den gegenseitigen Besuchen macht dann der Besuchte den Wirt.

Fanden die Beratungen in einer gröſseren Versammlung statt, bei welcher jedem sein Platz angewiesen wurde, so ist es fraglich, in welcher Weise die Könige ihre Sitze einnahmen. Ob an der von Richer zum Jahre 942 geschilderten tumultuarischen Szene auch nur ein wahres Wort ist, muſs in hohem Maſse zweifelhaft erscheinen. Vielleicht dürfte man sonst daraus schlieſsen, daſs dem deutschen Könige, der damals so mächtig in die Verhältnisse Frankreichs eingriff, auf jener Versammlung thatsächlich ein Ehrenplatz eingeräumt war. Auf der Synode zu Ingelheim hat Otto, so scheint es, den hilfesuchenden Ludwig IV. neben sich sitzen lassen. Denn Flodoard (und entsprechend Richer) erzählt: *exsurgens Ludovicus rex e latere et consessu domni regis Ottonis . . . .*

Zu den Zusammenkünften erschienen stets beide Könige in groſser Begleitung ihrer Fürsten, so daſs die Versammlungen den Charakter deutsch-französischer Fürstenkongresse trugen. Dies geschah natürlich vor allem, um die Fürsten an den wichtigen Beschlüssen, die hier gefaſst wurden, Anteil nehmen zu lassen, wahrscheinlich aber auch, um einander durch ein möglichst glänzendes Gefolge zu imponieren. Zum Schlusse muſs hier noch

---

[1] Trotz eines heftigen Unwetters. *Wilhelmus Tyrensis ap. Recueil des historiens des croisades* I. 744.
[2] So 923 und 1023.

die Sitte erwähnt werden, sich gegenseitig Geschenke zu machen, die ebenfalls bei den deutsch-französischen Königsbegegnungen eine nicht unbedeutende Rolle spielt und sehr oft erwähnt wird.

Die Könige beschenken nicht nur einander, sondern jeder auch die Gemahlin und das Gefolge des andren. Bei den gegenseitigen Besuchen wird jedesmal der Gast vom Wirt beschenkt. Am häufigsten wurde Gold und Geschmeide geschenkt, aufserdem auch Reliquien und seltene Tiere.[1] Zum Jahre 1023 heifst es, dafs beide Herrscher nur weniges von den dargebotenen Geschenken annahmen, und die Art, wie dies erzählt wird, läfst schliefsen, dafs ein solches Zurückweisen der Geschenke häufiger vorgekommen sein mufs; doch wird es sonst nicht erwähnt.

Persönlicher Verkehr mit dem Papst.

Die römische Kirche hat allezeit streng auf die Beobachtung aller Formen gehalten, die ihr gegenüber vorgeschrieben oder üblich waren. Sie hat sich manches Mal, wenn es ihr nicht möglich war, in der Sache ihren Willen durchzusetzen, mit der blofsen Form zufrieden gegeben, geduldig den Moment erwartend, wo die Form wieder rechtskräftig wurde und ihren Inhalt zurückgewann. Neu aufgekommene Formen der Ehrenerweisung für die römische Kirche oder ihre Vertreter wurden bald mit um so gröfserer Hartnäckigkeit als ein altherkömmliches Recht beansprucht, je weniger sie ein solches waren; und selten hat man das Unberechtigte ihrer Forderungen nachweisen können oder auch nur nachzuweisen versucht. Die Ehrfurcht vor dem historisch Gewordenen und Althergebrachten war im ganzen Mittelalter grofs, die Berufung auf eine lange Übung kam in vielen Fällen einer rechtlichen Begründung gleich und wurde für eine solche genommen. Wenn der Papst vom Kaiser ein Recht verlangte, „weil

---

[1] So 1023 und 1299. Vgl. Hirsch-Brefslau, *Heinrich II.*, B. III. p. 262, N. 3. S. auch das dort über Ruodlieb Gesagte.

es die früheren Kaiser den früheren Päpsten zugestanden hätten" und niemand das Gegenteil erweisen konnte, so hatte in den meisten Fällen der Papst gewonnenes Spiel. Fast alle ihre Ansprüche, von wie zweifelhafter Natur sie auch immer sein mochten, hat die Kirche auf diese Weise durchgesetzt. So wurde eine einmal ihr zugestandene Vergünstigung zu einem Recht der Kirche, eine einmal ihr erwiesene Leistung zur Pflicht.

Diese oft angestellten Betrachtungen bestätigen sich vorzüglich auch bei den Formen des persönlichen Verkehrs zwischen Papst und Kaiser, den beiden Häuptern der Christenheit.

Es ist nicht Zufall, wenn die Quellen des 10. und 11. Jahrhunderts weit weniger von Ehrenerweisungen des Kaisers für den Papst erzählen, als die des 12. und 13. Jahrhunderts; mit der steigenden Macht der Kirche sind diese zahlreicher und häufiger geworden. In überschwenglicher Fülle und in der für die weltliche Macht demütigendsten Form treten sie uns in staufischer Zeit entgegen.

Wenn sich die meisten dieser Akte in Darstellungen der betreffenden Perioden zum grofsen Teil schon ausführlich geschildert vorfinden, so mufs es unsre Aufgabe sein, die einzelnen Zeremonien, aus denen sich diese Ehrenerweisungen zusammensetzen, in ihrer historischen Entwickelung zu untersuchen und darzustellen.

So oft Kaiser und Papst zu einer Unterredung zusammentraten, wurden durch hin- und hergehende Gesandtschaften — diese bestanden meist aus Bischöfen — diejenigen Punkte genau fixiert, über die eine Vereinbarung erzielt werden sollte. Und nicht nur der Gegenstand der Unterredung wurde festgestellt, sondern geradezu die Entscheidung vorher getroffen und oft sogar formuliert. Die Zusammenkunft hatte dann nur noch den Zweck, den Beschlufs in feierlicher Weise zu sanktionieren. So vereinigte man sich, auch wenn schon Ort und Zeit fest bestimmt waren, allemal erst, wenn die Vorverhandlungen zu einem endgültigen Abschlufs gekommen waren. Bei Heinrichs IV. Bufsgang in Canossa hat auch dies eine Rolle gespielt. Der König kommt zum Papst, ohne dafs endgültige Abmachungen vorhergegangen sind. Vielleicht schon deshalb läfst ihn Gregor VII.

nicht vor sich, weil ja eine rechtliche Unterlage für die persönliche Verhandlung fehlt. Erst als diese geschaffen, darf der König vor dem Papst erscheinen. Auch der Vorgang vom Jahre 1119 soll hier erwähnt werden. Damals war eine Zusammenkunft geplant zwischen Heinrich V. und Calixt II. Da der Papst in Frankreich war, so sollte sie stattfinden an der für Begegnungen der deutschen und französischen Könige beliebten Stelle zwischen Ivois und Mouzon. Schon war der Papst in Mouzon, Heinrich eine halbe Meile von dort entfernt.[1] Da stellten die päpstlichen Gesandten Zumutungen, zu denen der Kaiser sich nicht verstehen wollte; dazu fürchtete der Papst die bedeutende Kriegsmacht des Kaisers; ein Einverständnis wurde nicht erzielt und infolgedessen scheiterte auch die Zusammenkunft. Aus ähnlichen Gründen scheint schon 1107 eine zwischen dem deutschen und französischen Könige und dem Papste beabsichtigte Zusammenkunft an der deutsch-französischen Grenze nicht zustande gekommen zu sein. Fand eine Unterredung statt, bei welcher der Kaiser sich zum Papste begab, so scheint es üblich gewesen zu sein, daſs dieser ihn ausdrücklich einlud, zu ihm zu kommen. Denn also dürfte es zu verstehen sein, wenn Berthold[2] zum Jahre 1077 besonders hervorhebt, Heinrich sei absque responso apostolico eiusque verbo invitatorio zum Papst gekommen. Und dasselbe findet sich hinsichtlich des Besuches Friedrichs II. beim Papste in Rieti (1234) in den Quellen als ungewöhnlich betont.[3]

Auch wenn umgekehrt der Papst zum Könige kam, findet sich zuweilen eine solche Aufforderung oder Einladung. So erzählen die Quellen, daſs Benedict VIII. 1020 auf Heinrichs II. Einladung gekommen sei, Gregor II. kommt 1046 zu Heinrich III.

---

[1] Giesebrecht III. 914. Den Namen des Ortes Beureliacum geben die *Ann. Mosomag.* M. G. III. 162. Es ist vermutlich das heutige Brevilly zwischen Maas und Chiers. cf. unsre Karte p. 30.

[2] *M. G.* V. 289.

[3] So schreibt Friedrich II. selbst in seinem Briefe an den König von Frankreich vom 20. April 1239 (Petri de Vin. ep. I. 21): *ad istius papae praesentiam personaliter ivimus etiam non vocati* und Vita Greg. Murat. III. 580. *Imperator . . . . Reate concitus nec invitatus venit.*

nach Piacenza rogatus a rege ut ei oboiam veniret.[1] Erkennen wir hier eine Vorladung, der der Papst bei der Machtstellung Heinrichs III. wohl folgen mufste, so war es eine rein freundschaftliche Einladung, auf Grund deren Victor I. 1056 an den kaiserlichen Hof nach Goslar kam.[2]

Und nun die Begrüfsungsformen. Hier drängen sich in den Vordergrund der Betrachtung die Empfangsfeierlichkeiten, welche bei der Ankunft der deutschen Könige in Rom stattfanden, wenn die Kaiserkrönung erfolgen sollte. Wenn wir die Kaiserkrönungen im allgemeinen hier füglich aufser Acht lassen können, weil dabei ein eigenes Ceremoniell[3] in Anwendung kam, das von den sonst gerade zwischen Kaiser und Papst üblichen Verkehrsformen ziemlich unabhängig war, so dürfen uns wenigstens die Empfangsfeierlichkeiten auch hier beschäftigen, weil sie mit dem üblichen Verkehrsceremoniell mehrfach gewechselt haben.

Der erste Fall, wo wir sichere Nachrichten darüber besitzen, ist Heinrichs II. Ankunft vor Rom im J. 1014. Damals zog ihm Papst Benedict VIII. in Begleitung der hohen Geistlichkeit an der Spitze der römischen Bevölkerung entgegen, „wie üblich" setzt der Quellenschriftsteller[4] hinzu. Worauf sich dieser Zusatz stützt, ist nicht leicht zu sagen, denn nichts trifft weniger zu, als dafs es bei den vorhergehenden Kaiserkrönungen so gehalten worden wäre. Nur aus dem Jahre 962 findet sich eine Angabe, derzufolge auch damals der Papst dem Könige entgegengezogen sei. In seinem schlechten Latein sagt nämlich Benedict von St. Andrea: Adlatum est ei populus Romanus simul cum pontifice. Wenn bei der Übersetzung dieses Schriftstellers die gröfste Vorsicht geraten ist, so scheint mir in diesem Falle eine andre Deutung doch nicht leicht möglich als diejenige, der Papst sei dem Könige entgegengezogen. Man hat sich offenbar gescheut[5], dem nichts

---

[1] *Bonitho ad amicum* ap. Jaffé II. 627.
[2] Berth. cont. Herim. *M. G. Ss.* XIII. 731. *Victoris II. vita* ap. Watterich I. 181.
[3] S. darüber Waitz, Vfg. VI. 186 ff.
[4] *Ex more.* Rodulfus Glaber, *M. G. Ss.* VII. 59.
[5] Giesebrecht, 5. Aufl., I. 456 und 836. Dümmler, *Otto d. Gr.*, 330.

weniger als durchweg glaubhaften Schriftsteller eine etwas auffällige Nachricht zu entnehmen und hat lieber Ottos Empfang vor Rom nach der Schilderung der letzten Kaiserkrönung vor Ottos I. Zeit wiedergegeben. Aber soviel ich sehe, wird Benedicts Nachricht zwar von keiner andren Quelle bestätigt, doch nirgends findet sich in den sehr dürftigen Angaben, die uns vorliegen, auch nur ein Wort, das jener Notiz widerspräche. So möchte ich an der Thatsache, wie sie Benedict erzählt, festhalten. Auf diesen Fall liefse sich nun jenes ex more beziehen und hierauf würde es auch zu deuten sein, wenn Liudprand[1] Ottos Empfang novo apparatu geschehen läfst.

Abgesehen von diesen beiden Fällen wird man anzunehmen haben, dafs bei Kaiserkrönungen allemal der Papst den König in der Stadt erwartete. Dafs mehrfach beide Häupter eine Zusammenkunft vor der Krönung aufserhalb der Stadt hatten, ist nur natürlich und darf nicht mit dem oben besprochenen Falle verwechselt werden, wo der Papst den zu Krönenden in feierlicher Prozession einholt. Bei einer gröfseren Zahl von Kaiserkrönungen ist es bestimmt überliefert, dafs der Papst den König vor der Peterskirche auf dem Vorplatze oberhalb der Stufen[2] auf einem Throne sitzend erwartete. Derartige bestimmte Überlieferungen liegen uns z. B. vor für die Krönungen der Jahre 967, 1111, 1133 (wo an die Stelle der in den Händen des Gegenpapstes befindlichen Peterskirche die Constantinische Basilika im Lateran getreten ist), 1155, 1191, 1209. In allen diesen Fällen erwartet der Papst den König an dem bezeichneten Orte. Dieser wirft sich zu Boden und küfst die Füfse des Papstes. Der hebt ihn auf und küfst ihm den Mund. 1111[3] folgt sodann eine dreimalige Umarmung und drei Mal küssen sich die beiden Häupter der Christenheit — „und doch war beider Herz ohne Friedensgedanken." 1191[4] mufs Heinrich VI. dem Papste, nachdem er ihm die Füfse geküfst hat, erst einige Versprechungen machen. Drei Mal mufs

---

[1] *Historia Ottonis* c. 3.
[2] S. den Plan der Peterskirche im *Liber pontificalis ed.* Duchesne I. 192.
[3] *Annales Romani M. G. Ss.* V. 474.
[4] Bericht des Cencius über die Kaiserkrönung, *M. G. Leg.* II. 187 ff.

er der Kirche Frieden zusichern, dann küfst ihm der Papst die Stirn, das Kinn (das glattgeschoren sein mufs), beide Backen und den Mund. Nach nochmaligen Wechselreden öffnet der Papst seinen Mantel und läfst den König seine Brust küssen.

Schon fast zu weit haben wir uns auf das Ceremoniell der Krönung eingelassen; und doch konnte es nicht wohl unterbleiben, da wir sogleich sehen werden, dafs die gewöhnliche Begrüfsungsform zwischen Kaiser und Papst mit der bei der Kaiserkrönung kennen gelernten in engem Zusammenhange steht.

Besuchte der Papst den Kaiser, wie Benedict VIII. im Jahre 1020 Heinrich II. in Bamberg, so wurde ihm vom Kaiser ein festlicher Empfang bereitet.[1] Es darf freilich für unsre Betrachtung hervorgehoben werden, dafs Heinrich dem Papste nicht in eigener Person entgegengezogen ist, wie dies überhaupt nicht vorzukommen scheint. Der Kaiser hatte damals zum Empfange des Stellvertreters Christi vier Chöre vom jenseitigen Ufer der Regnitz bis zur Kirche in der Stadt aufgestellt. Diese begrüfsten den Papst mit Gesang, als er feierlich in die Stadt einritt, um alsdann mit dem Kaiser zum Gebet in die Kirche zu schreiten. Vor drei Altären warf sich der Papst zu Boden, dann liefs er sich auf den bischöflichen Sessel nieder und ruhte hier, bis der Wechselgesang des Te Deum und Kyrie Eleison verklungen war. Nun erst folgte die eigentliche Begrüfsung zwischen dem geistlichen und weltlichen Herrscher. Diesem erteilte der Papst den Friedenskufs.

Nicht weniger feierlich war der Empfang, den Lothar im Jahre 1131 dem Papst Innocenz II. in Lüttich bereitete. Wir werden bei der Besprechung der Sitte des Steigbügelhaltens darauf zurückkommen.

Aus den Formen der Zusammenkunft Friedrichs I. mit dem Papste vor der Kaiserkrönung 1155 dürfen wir entnehmen, dafs allemal bei der Begrüfsung zunächst der Kaiser dem Papste die Füfse küfste und dieser ihn erst dann zum Mundkusse zuliefs.

Für diese Betrachtung ist noch von besonderem Interesse

---

[1] Vgl. Hirsch-Brefslau, *Heinrich II.*, B. III. 159. Quelle ist Bebos Brief an den Kaiser, bei Jaffé V. 493.

der Friedenskongrefs von Venedig. Der eben vom Banne befreite Kaiser, dem es lange nicht erlaubt gewesen, die Stadt zu betreten, in welcher der Papst Alexander, sein siegreicher Gegner, weilte, naht sich mit grofsem glänzendem Gefolge der Markuskirche, vor welcher der Papst auf einer Tribüne Platz genommen hat. Ehrerbietig kommt Friedrich heran, legt seinen purpurnen Mantel ab und „einen Gott in Alexander verehrend, seine kaiserliche Würde vergessend"[1], wirft er sich auf den Boden nieder und küfst jenem Füfse und Knie. Mit freundlichem Worte und thränendem Auge hebt Alexander ihn auf und gibt ihm den Friedenskufs. Unter den Klängen des Te Deum führt dann Friedrich den Papst an der rechten Hand in die Kirche.

Auch der Gebrauch, dafs der Kaiser, ehe er sich dem Papste nähert, den Mantel ablegt, findet sich noch häufiger. So als im Jahre 1160 Friedrich I. in Pavia Victor IV. als den rechtmäfsigen Papst begrüfste[2], ferner bei der Zusammenkunft Friedrichs II. mit Gregor IX. zu Anagni im Jahre 1230.[3]

So viel über die üblichen Begrüfsungsförmlichkeiten zwischen dem höchsten geistlichen und dem höchsten weltlichen Würdenträger. Was nun den bereits erwähnten, dem Papste vom Kaiser geleisteten Dienst des Steigbügelhaltens betrifft, so haben wir wohl den interessantesten unter allen hier in Frage kommenden Gebräuchen vor uns. Dann gerade erscheint der Stellvertreter Christi in höchster Glorie, wenn sich der Beherrscher Deutschlands und Italiens herbeiläfst, ihm den niedrigen Dienst eines Stallknechts zu leisten. Nur das in Wahrheit weltherrschende Papsttum durfte solche Ansprüche erheben, zu Zeiten Ottos I. und Heinrichs III. wären sie unmöglich gewesen.

Mit dieser angeblich althergebrachten und „von allen früheren

---

[1] Romuald, *M. G. Ss.* XIX. 452. *Deum in Alexandro venerans imperiali dignitate postposita.* K. Peters (*Untersuch. z. Gesch. d. Fr. v. Ven.* Hannover 1879) p. 123 macht hier auf den Unterschied in den Ausdrucksweisen der verschiedenen Quellen aufmerksam. Sigeb. cont. Aquienict. *M. G.* VI. 416 heifst es sogar, Friedrich sei *discalciatus et regiis ornamentis nudatus* zum Papste geführt worden.
[2] Vincent. Prag. *Ann. M. G.* XXIII. 679.
[3] *Vita Greg.*, ap. Mur. III. 577.

Kaisern früheren Päpsten erwiesenen Ehre" hat es folgende Bewandtnis. Der Ursprung der Sitte wird nicht mehr zu ermitteln sein. Wenn Otto von Freising sagt, Friedrich I. habe dem Papst Victor IV. den Stallknechtsdienst geleistet, wie Constantin dem heil. Silvester[1], so geht das offenbar auf die gefälschte Urkunde von der constantinischen Schenkung zurück, in der dieses erzählt wird. Es sind verschiedene Phasen in der Entwickelung dieser Sitte zu unterscheiden.

Zuerst heifst es von Pippin[2], — wir müssen auf die frühere Zeit zurückgreifen — er habe sich vor dem Papste zu Füfsen geworfen. Cui et vice stratoris usque in aliquantum locum iuxta sellarem properavit: Eine Strecke weit ging er wie ein Marschall neben dem Pferde des Papstes her. Wie ein Marschall, d. h. jedenfalls: indem er das Pferd am Zügel führte. Von Ludwig dem Frommen wird'gesagt: descendentem (papam) de equo excepit.[3] Wenn ich diesen Ausdruck recht verstehe, so ist der Sinn der, dafs Ludwig den Papst vom Pferde hebt. Von Kaiser Ludwig II. ist wieder Ähnliches überliefert wie von Pippin. Er führt den Zelter des Papstes, soweit ein Pfeilschufs reicht, am Zügel.[4] Bei allen diesen Ehrenerweisungen ist offenbar vom Steigbügelhalten noch keine Rede. Auch in den folgenden Fällen, wo vom Stallknechtsdienst gesprochen wird, ist doch, wie ich glaube, noch nicht an das spätere Steigbügelhalten zu denken, obgleich dies die Auffassung von Waitz[5] ist.

König Konrad, der Sohn Heinrichs IV, kam 1095 bei einer Zusammenkunft dem Papst entgegen und leistete ihm den Stallknechtsdienst (officium stratoris exhibuit oder officio stratoris usus est).[6]

---

[1] *M. G. Ss.* XX. 484. ... *stratoris officium sicut Constantinus beato Silvestro humiliter pro foribus ecclesiae exhibuit.*
[2] *Vitae Pontif.* ap. Mur. III. 168. cf. Oelsner, *König Pippin*, p. 127 N. 4.
[3] *Vita Ludovici* 816.
[4] *Vitae Pontif.* ap. Mur. III. 253.
[5] Vfg. VI. 194.
[6] Bernoldus 1095. *M. G.* V. 463. *M. G.* VIII. 474 Note. cf. Giesebrecht III. N. zu p. 664. Wenn Petrus Cafsinensis (*M. G.* VII 779) an einer Stelle, wo er zum Jahre 1111 die *Annales Romani* ausschreibt, in

1131 heifst es [1] von Lothar bei der Ankunft des Papstes Innocenz II. in Lüttich: In platea ante episcopalem ecclesiam humillime se ipsum stratorem offerens pedes per medium sanctae processionis ad eum festinat, alia manu virgam ad defendendum, alia fraenum albi equi accipiens tamquam dominum deducebat. Descendente vero tota statione eum suppodiando deportans celsitudinem paternitatis eius notis et ignotis clarificavit. Er eilt dem Papst zu Fufs entgegen, mit der einen Hand wehrt er der Menge, mit der andren führt er das Pferd am Zügel wie (der Stallknecht) seinem Herrn, beim Absteigen hebt er ihn vom Pferd, indem er ihn unter die Achseln fafst. Da ist von dem eigentlichen Bügelhalten noch immer keine Rede[2], und ebenso wie hier wird es 1095 gewesen sein. Im Jahre 1155 gab die Frage, ob der deutsche König zur Leistung des Stallknechtsdienstes verpflichtet sei, Anlafs zu einem halb ärgerlichen halb komischen Auftritt. Friedrich I. war auf dem Wege nach Rom bis Sutri gelangt, der Papst begab sich nach Nepi. Am zweiten Tage liefs ihn der König durch eine grofse Zahl von Fürsten mit seinen Kardinälen und Bischöfen feierlich in das königliche Lager bei Sutri geleiten. Vor dem königlichen Zelte erwarteten Hadrian und sein Gefolge, dafs Friedrich dem Papst beim Absteigen vom Pferde den Stallknechtsdienst leisten werde. Als aber jener dazu keine Miene machte, fürchteten die Geistlichen Verrat und flohen in grofser Erregung nach der nahe gelegenen Feste Città Castellana. Der Papst wufste anfangs nicht, was er beginnen sollte, dann stieg er ohne Hilfe vom Pferde und setzte sich auf einen Sessel. Jetzt kam Friedrich ehrerbietig heran, küfste des Papstes Füfse und bat um den Friedenskufs. Hadrian verweigerte ihm diesen, weil er ihm die schuldige Ehr-

---

einem von ihm selbst herrührenden Zusatz von Heinrich V. erzählt: *stratoris officium exhibuit*, so ist das ganz sinnlos, da wir vorher gehört haben, der Papst habe *ad superiora graduum* vor der Kirche den König erwartet. Es ist eine Zurückschiebung aus späterer Zeit.

[1] *Sugerii Vita Ludovici* (Lecoy p. 136).

[2] Es ist sogar schlechterdings unmöglich, dafs Lothar den Steigbügel gehalten habe, da er beide Hände dazu brauchte, um den Papst vom Pferde zu heben.

erbietung vorenthalten habe, die noch alle seine Vorgänger
früheren Päpsten erwiesen hätten. Friedrich behauptete, nicht
dazu verpflichtet zu sein. Nach längerem Herumstreiten befragte
Friedrich die älteren unter den Fürsten, vor allem diejenigen,
qui cum rege Lothario ad Innocentium papam venerant. Auf
deren Gutachten wurde endlich am zweiten Tage beschlossen,
dafs Friedrich dem Papste die betreffende Ehre erweisen solle.
Jetzt wurde die ganze Szene noch einmal gespielt. Friedrich
zog weiter nach dem Janulasee, Hadrian ebenfalls dorthin, aber
auf einem andren Wege. Wieder nahte sich der Papst auf
seinem Zelter dem königlichen Lager. Dieses Mal war ihm
Friedrich entgegengeritten, stieg vom Pferde und führte angesichts
des Heeres, „soweit ein Stein im Wurfe fliegt"[1] das Pferd des
Papstes am Zügel. Am königlichen Zelte angekommen, hielt er
dem Papste den Steigbügel. Und nun erst erteilte ihm dieser
den Friedenskufs. Also erzählt ein italienischer Bericht[2], nach
einer deutschen Quelle[3] hätte Friedrichs ganzer Verstofs lediglich
darin bestanden, dafs er dem Papste den linken Steigbügel
gehalten habe, während er den rechten zu halten verpflichtet
gewesen sei. Klingt auch dieser Bericht nicht eben wahrscheinlich[4],
so ist doch klar, dafs man auf römischer Seite gerade auf die
Befolgung dieses Brauches besonderen Wert legte.

Hier zuerst ist also ausdrücklich vom Steigbügelhalten die
Rede. Das officium stratoris exbibere wird von dem streuguam
tenere unterschieden. Ersteres bezeichnet das Führen des Pferdes
am Zügel, mit dem letzteren Ausdruck, der sich bei dieser Gelegenheit zuerst findet, ist das eigentliche Steigbügelhalten gemeint.
Friedrich that beides. Freilich war es mit dem Rechte der
Päpste auf die letztere Ehre immerhin nur schwach bestellt, und
die Vorgänger Friedrichs, die „rechtgläubigen Kaiser, welche aus

---

[1] wie es von Ludwig II. heifst: *quantum sagittae iactus extenditur.*
[2] *Vita Hadriani* ap. Watterich II 327 ff.
[3] Helmold. *M. G.* XXI. 172.
[4] Ob der Papst, wie heute üblich, nach links abgestiegen sei, oder
nach rechts, immer konnte nur ein Steigbügel in Frage kommen. Jene
Notiz bei Helmold hat also keinen rechten Sinn. Der Pfarrer von Bosau
ist wohl kein Reiter gewesen.

Ehrfurcht vor den Aposteln Peter und Paul" den Vorgängern Hadrians diese Ehre erwiesen hatten, alle diese Vorgänger reduzieren sich auf den einzigen Kaiser Lothar. Und über diesen noch ein Wort.

Wir haben ausdrücklich konstatiert, daſs Lothar im Jahre 1131 dem Papste in Lüttich wohl die ausgesuchtesten Ehren erwiesen, ihm aber gerade nicht den Steigbügel gehalten habe. Die Berufung auf Kaiser Lothar in diesem Falle, wo es sich eben um das Steigbügelhalten handelt, wird also nicht leicht auf den Vorgang in Lüttich bezogen werden dürfen. Dazu lautet die bereits angeführte Stelle: Tandem requisitis antiquioribus principibus et illis praecipue, qui cum rege Lothario ad Innocentium papam venerant. Auch dieser Wortlaut paſst schwer auf die Zusammenkunft in Lüttich und deutet viel eher auf einen Römerzug. Die Vermutung glaube ich, liegt nicht fern, daſs Lothar auf seinem ersten Zuge nach Italien bei Gelegenheit einer Zusammenkunft — ähnlich der zu Sutri — dem Papste den Steigbügel gehalten habe. Als die entsprechende Zusammenkunft kann man die von Calcinaja bezeichnen, und hier würde im Jahre 1133 im eigentlichen Sinne zuerst ein deutscher König dem Papste den Steigbügel gehalten haben.

Noch dreimal wird die Ausübung der Zeremonie erwähnt, im Jahre 1160, 1177 und 1209. Als das Konzil von Pavia sich für Friedrichs I. Gegenpapst Victor IV. entschieden hatte, bemühte sich Friedrich geflissentlich, diesen durch die tiefsten Ehrfurchtsbezeugungen vor aller Welt als den rechtmäſsigen Papst erscheinen zu lassen.[1] Er ließ ihn feierlich nach Pavia einholen, erwartete ihn vor dem Thor der Kathedrale, legte bei seiner Ankunft seinen Mantel ab, ging ihm entgegen, führte sein Pferd bis an die Stufen der Kirche, hielt dem Papste beim Absteigen den Bügel und führte ihn dann — wir führen noch die weiteren Förmlichkeiten hinzu — an der rechten Hand, der Patriarch von Aquileja an der linken, an den Altar. Hier warf sich der Kaiser auf den Boden nieder und küſste die Füſse des Papstes, alle Anwesenden folgten seinem Beispiel.

---

[1] S. die Quellen in dem am Schlusse gegebenen Verzeichnis.

Am zweiten Tage des Friedenskongresses zu Venedig im Jahre 1177[1] erwartete Friedrich den Papst in der Kirche. Dieser kam geritten, Friedrich hielt ihm den Steigbügel, ebenso nach dem Gottesdienste. Auf dem kurzen Ritte von der Markuskirche nach dem Meeresufer wollte Friedrich das Pferd Alexanders am Zügel führen, doch grofsmütig erliefs ihm dieser die Demütigung. Es verdient hervorgehoben zu werden, dafs in diesem Falle das Pferd nach der Lagunenstadt gebracht wurde, und der Papst die wenigen Schritte von der Markuskirche zum Meere zu Rosse zurücklegte — beides lediglich zu dem Zwecke, dafs Friedrich jener demütigenden Förmlichkeit sich unterziehen könne.

Nach seiner Kaiserkrönung 1209 hielt auch Otto IV. dem Papste Innocenz den Steigbügel. Von Interesse ist die Form, in welcher Arnold von Lübeck[2] diese Nachricht mitteilt. „Als man nun", heifst es, „zu den Pferden kam, da zeigte sich der Kaiser wohl eingedenk der den Aposteln geschuldeten Ehrfurchtsbezeugung (non immemor apostolice reverentie), welche ihrem Stellvertreter, dem getreuen und ehrwürdigen Papst Innocenz zu leisten ist, und er hielt ihm in Ergebenheit den Steigbügel". Man sieht, bereits ist die Anschauung verbreitet, dafs die bewufste Leistung eine Pflicht des Kaisers sei. Noch allgemeiner in Deutschland durchgedrungen zeigt sich diese Auffassung in den Worten des Sachsenspiegels[3]: Deme pavese is ok gesat to ridene to bescedener tiet op eneme blanken perde unde de keiser sal ime den stegerep halden, dur dat de sadel nicht ne winde. Auch hier, wie überall, wo man mit den Theorien der Rechtsbücher operiert, mufs man im Auge behalten, dafs sie nicht Gesetze wiedergeben, nicht juristische Sätze, aber doch in den meisten Fällen Umschreibungen der geltenden Praxis und der herrschenden An-

---

[1] Romuald, *M. G.* XIX. 443 ff. *Vita Alexandri* ap. Watterich II. 432 ff.

[2] *M. G.* XXI. 249.

[3] *Landrecht* I. 1 ed. Homeyer I. p. 153. Die Abfassungszeit des Sachsenspiegels wird jetzt zwischen 1224 und 1235 angesetzt. Aus dem Sachsenspiegel ist die vom Steigbügelhalten handelnde Stelle wörtlich herübergenommen in den Schwabenspiegel. Gengler, *Schwabenspiegel*, Erlangen 1875. p. 4/5.

schauungen. Aufserdem ist der grofse Einflufs zu berücksichtigen, den diese Rechtsbücher, und namentlich der Sachsenspiegel, auf die thatsächliche Entwickelung des geltenden Rechts geübt haben.

Es scheinen sich keine weiteren Beispiele für die Ausübung der Pflicht des Bügelhaltens nachweisen zu lassen, aber die Anschauung, dafs diese Pflicht bestehe, ist allgemein durchgedrungen. Wir haben allen Grund anzunehmen, dafs Friedrich II. bei seiner Kaiserkrönung, über die wir nur sehr spärliche Nachrichten besitzen, jene ausgeübt habe; und ein sehr interessantes Zeugnis besitzen wir aus dem 14. Jahrhundert das freilich aufserhalb des Rahmens unsrer Periode auftaucht, aber gleichfalls füglich von uns erörtert werden darf, um dieser Untersuchung eine gewisse Vollständigkeit zu geben. Seit Friedrichs II. Kaiserkrönung im Jahre 1220 war kein deutscher König mehr zum Kaiser gekrönt, als 1312 an Heinrich VII. die Krönung vollzogen werden sollte. Der Papst war in Frankreich und sah sich genötigt, die Kardinäle mit der Vollführung dieses Aktes zu betrauen. Da aber die dabei üblichen Formen wohl von niemand in Rom genau gekannt wurden, so schickte Clemens V. an die Kardinäle mit dem Auftrage Heinrich zu krönen eine genaue Anweisung[1], wie es dabei gehalten werden solle. Und diese Anweisung enthält jenes vorher erwähnte Zeugnis, welches lautet: Processus autem eiusdem imperatoris ad locum, ubi summus pontifex equitare deberet et detentio stapedii sellae eius et arrepto freno equi cui Romanus pontifex insideret, adextratio officiique stratoris exbibitio, quia soli Romano pontifici competunt et presentiam ipsius corporalem exigunt, omittantur omnino.

Bei den späteren Krönungen scheint sodann von der Pflicht des Bügelhaltens garnicht mehr die Rede gewesen zu sein.

Überblicken wir noch einmal in Kürze die Entwickelung, welche diese Zeremonie genommen hat. Zu der seit frühen Zeiten geübten Sitte, dafs der König das Pferd des Papstes am Zügel führt, kam seit Friedrichs I., oder wie wir angenommen haben, schon seit Lothar das Steigbügelhalten. Es ist eine Ehrenerweisung, die bei feierlichen Gelegenheiten dem Papste vom

---

[1] *M. G. Leg.* II. 534.

Kaiser zu Teil wird, bei solchem Anlasse namentlich wie 1177, wo es dem Papste darum zu thun ist, aller Welt seine Hoheit auch über den höchsten unter allen weltlichen Würdenträgern zu zeigen. Allmählich bildet sich dann die Anschauung, dafs vorzugsweise bei der Kaiserkrönung dem Papste diese Ehre zustehe, und Clemens V. spricht in jenem Briefe offen aus, dafs sie unbedingt zu den Formalitäten der Krönung gerechnet werden müsse und man nur der Umstände halber und nur für den vorliegenden Fall davon absehen solle.

In bezug auf die übrigen zwischen Kaiser und Papst üblichen Formalitäten können wir uns kurz fassen; nicht als ob das Ceremoniell weiter keine interessanten Gebräuche aufzuweisen gehabt hätte, sondern weil sich an der Hand der Quellen nur weniges von diesen Gebräuchen nachweisen läfst.

Hatten Papst und Kaiser kürzere Begegnungen, so hielten sie oft eine gemeinsame Mahlzeit und berieten nach derselben die schwebenden Fragen. So ist es im Jahre 1077 in Canossa.[1] Nach der Messe setzen sich der geistliche und der weltliche Herrscher zu einem einfachen Mahl an denselben Tisch, und dann erst werden die hochwichtigen Geschäfte erledigt. Ebenso ist es 1209, 1230, 1234.[2] Besonderer Wert wurde darauf gelegt, dafs Kaiser und Papst, wenn sich die Gelegenheit dazu ergab, die hohen Feste gemeinschaftlich begingen. Es entspricht dies durchaus dem religiösen Sinne des Mittelalters. So ist Otto I. um Weihnachten in den Jahren 963, 966 und 967 beim Papste in Rom, feiert mit ihm 967 Ostern in Ravenna, und er und Papst Johann XIII. fordern Otto II. schriftlich auf, zur gemeinsamen

---

[1] Bertholdi *Annales*, M. G. V. 289. Lambert, *M. G.* V. 260. Bonizo, *de pers. eccl.* ap. Jaffé II. 672. *Codex archivi Vaticani A*. Watterich I. 330.

[2] Zu 1209: *Braunschw. Reimchronik*, M. G., *Deutsche Chroniken* II. Vers 6625 ff.

Zu 1230: *Chronicon breve de reb. Sic.* ap. Huill.-Bréh. *hist. dipl. Fr. II.*, I. p. 903. *Vita Greg.*, ap. *Mur.* III. 577. Brief Gregors ap. Huill.-Bréh. III 228.

Zu 1234. *Vita Greg.* ap. *Mur.* III. 580.

Feier des Weihnachtsfestes in diesem Jahre in Rom zu erscheinen.[1] Dort empfängt der Papst am heiligen Abend 967 beide Ottonen auf einem Throne sitzend in gradibus beati Petri. Und als am ersten Weihnachtstage der jüngere Otto die Kaiserkrone erhalten hat, freuen sich in gleicher Weise Deutsche und Römer, zwei Kaiser und einen Papst bei einander zu sehen. In solchen Fällen feierten Kaiser und Papst gemeinsam den Gottesdienst, und der Papst las wohl selbst die Messe. So war es 1020 in Bamberg, worüber die Quedlinburger Annalen[2] mit grofser Genugthuung berichten: „Damals geschah es, was unsres Wissens in früheren Jahrhunderten nie erhört gewesen ist, dafs der Papst und Kaiser Heinrich das Abendmahl und das Osterfest in Bamberg gemeinsam in geziemender Weise feierten." Entsprechend wurde, wenn es anging, auch der Tag der Kaiserkrönung auf einen hohen Festtag verlegt. Beispielsweise wurden am Weihnachtsfeste vollzogen die Krönungen der Jahre 967 und 1046, am Osterfeste 1027 und 1084.

Von dem Verkehr zwischen Kaiser und Papst, wenn sie länger bei einander waren, ist wenig überliefert. Als 1137 Lothar und Innocenz II. zusammen durch Unteritalien zogen, waren im Lager ihre beiden Zelte von einander entfernt. Dies folgt daraus, dafs der Kaiser dem Abt Raynald von Monte Cassino befiehlt, sein Zelt neben dem kaiserlichen aufzuschlagen, während es vordem neben dem päpstlichen gewesen war.[3] Im Lager verkehren Kaiser und Papst meist durch Gesandte und besuchen einander nur zu einem wichtigen Zweck. Besonders hervorgehoben wird es: Iterum ad papam per semet ipsum imperator accedere statuit.[4] Als in dem, Monte Cassino betreffenden, Konflikt Lothar nach eigenem Ermessen handelnd oben im Kloster weilt, hält sich Innocenz II. ängstlich in San Germano, um nicht neben dem Kaiser die zweite Rolle zu spielen.

---

[1] Cont. Reginonis *M. G. Ss.* I. 628. *Interim papa Johannes et imperator regi Ottoni litteras invitatorias miserunt, et ut cum ipsis ad natalem Domini Romae celebrandum festinaret, iusserunt.*

[2] *M. G.* III. 85.

[3] *Petri diaconii Chron. Cassin, M. G.* VII. 820 ff.

[4] ibidem.

Auf Synoden saſs der Kaiser, wenn er anwesend war, zur Rechten des Papstes.[1] Häufig, namentlich bei der Kaiserkrönung, wird es erwähnt, daſs der Kaiser den Papst beschenkt, so in den Jahren 962, 971, 1020, 1111, 1162, 1177. Als Gegengeschenke dienen meist Reliquien, so 962 und 971.

Persönlicher Verkehr mit dem griechischen Kaiser.

Nur einmal in unsrer Periode (und meines Wissens auch während des ganzen Mittelalters) hat zwischen dem deutschen Herrscher und dem griechischen Kaiser ein intimer persönlicher Verkehr stattgefunden.[2] Dies geschah auf dem zweiten Kreuzzuge zwischen König Konrad III. und Kaiser Manuel. Die bei dieser Gelegenheit beobachteten Formen, soweit sie sich aus den Quellenangaben erkennen lassen, sind von besonderem Interesse, weil sie die unklare Stellung der beiden Fürsten zu einander recht deutlich hervortreten lassen.

Das neu erstandene abendländische und das byzantinische Kaisertum hatten ja von vorneherein, d. h. seit dem Jahre 800 niemals recht Stellung zu einander genommen, wenn auch Karl der Groſse von Seiten des Byzantiners als $Βασιλεύς$ nominell anerkannt worden war. Eine solche präzise Stellungnahme war bei einiger Konsequenz auch unmöglich, weil beide Herrscher eine Würde zu bekleiden behaupteten, die nach der Auffassung der Zeit doch nur ein einziger in Wahrheit innehaben konnte. Nur weil keiner von beiden jemals in der Lage war, diejenige Stellung sich zu verschaffen, die in der ursprünglichen Bedeutung seiner Würde

---

[1] Vgl. Breſslau, *Konrad II.*, B. I. 148, N. 4.
[2] Bei der wiederholten Anwesenheit Kaiser Balduins bei Friedrich II. ist nichts derartiges überliefert.

lag, war es möglich, dafs zwei Fürsten sich gleichzeitig dieselbe Würde zuschrieben. Auch war ein Verhältnis wie ehedem zwischen dem ost- und weströmischen Kaiser eben aus dem Grunde ausgeschlossen, weil es nach mittelalterlicher Anschauung nur einen Kaiser geben konnte, weil das allein rechtmäfsige Kaisertum auch nach abendländischer Auffassung bis auf Karl den Grofsen in Byzanz seinen Sitz gehabt hatte, der dann aber ins Abendland verlegt worden wäre [1], während die griechischen Kaiser sowohl in ihrer örtlichen Herrschaft wie den Ansprüchen des Titels nach sich für die unmittelbaren Nachfolger Konstantins und Justinians hielten.

In der Theorie schlossen sich also das römisch deutsche und das griechische Kaisertum gegenseitig aus; und wie die Formen des Ceremoniells gleichsam die Theorie veranschaulichen, so ist auch in diesem Falle bezeichnend für die Theorie die Art und Weise, wie im September 1147 die Formen des persönlichen Verkehrs zwischen dem abend- und morgenländischen Herrscher den Gegenstand von Verhandlungen bildeten.

Kaum wird hier die Thatsache besonders in Betracht zu ziehen sein, dafs Konrad nicht Kaiser, sondern nur König war, denn seitdem Otto der Grofse das abendländische Kaisertum mit dem deutschen Königtum verknüpft hatte, betrachtete sich der deutsche König vor seiner Kaiserkrönung stets als denjenigen, dem von Rechts wegen die Kaiserkrone zufallen müsse und werde. So behauptete hier auch Konrad in seiner Person das Romanum Imperium zu repräsentieren. [2]

Als Konrad zum ersten Mal in die Nähe von Konstantinopel kam, befand er sich an der Spitze einer gewaltigen Heeresmacht und war sicher damals ganz von der Würde des Reiches durchdrungen, die er hier wahren müsse.

Da er durch eine Überschwemmung bedeutende Verluste an Menschen, mehr noch an Waffen und Pferden erlitten hatte, so liefs ihm Kaiser Manuel durch Gesandte sein Beileid ausdrücken

---

[1] S. über diese Anschauung den Brief Friedrichs an Manuel bei Kap-Herr, *Abendländische Politik*.
[2] cf. Arnold. Lubec., *M. G.* XXI. 124.

und ihn gleichzeitig einladen, zu einer persönlichen Besprechung in die Stadt zu kommen. Wenn Konrad dazu ohne weiteres eingewilligt hätte, so würden ihn die ihm entgegengeschickten Gesandten, die zu den Vornehmsten gehörten[1], und wohl noch andre hohe Würdenträger des Reiches, nicht aber der Kaiser selbst, feierlich und ehrenvoll in die Stadt geleitet haben, bei dem Begrüfsungskusse hätte der Kaiser gesessen, Konrad gestanden und bei der Besprechung wäre dem deutschen Könige ein Sitz zu den Füfsen des griechischen Kaisers angewiesen worden. Dies sind die Förmlichkeiten, die wenig später beim Empfange des französischen Königs in Konstantinopel beobachtet wurden[2], durch die sich Ludwigs VII. königlicher Stolz auch keineswegs gekränkt fühlte. Gleichwohl war in diesen Formalitäten die höhere Stellung des griechischen Kaisers klar zum Ausdruck gebracht. Konrad wollte sich damit keineswegs begnügen; er verlangte, vom Kaiser persönlich in die Stadt eingeholt zu werden, der Kaiser weigerte sich dessen und bei dieser Weigerung mag auch die Furcht vor Konrads Heer mitgewirkt haben. Es folgten Verhandlungen und Vorschläge hinüber und herüber, wobei sogar, wie es heifst, eine Begrüfsung beider Herrscher zu Pferde in Erwägung gezogen wurde[3] — und schliefslich kam die Zusammenkunft überhaupt nicht zustande. Sie scheiterte lediglich an den Schwierigkeiten des Ceremoniells, wie sie notwendig entspringen mufsten aus der staatsrechtlich unqualifizierbaren Stellung der beiden Fürsten zu einander.

Als einige Monate später Konrad in Ephesus erkrankte und auch in der begonnenen Weise die Unternehmung nicht an der Seite des französischen Königs fortzusetzen wünschte, trat er mit Manuel wegen eines Aufenthaltes in Konstantinopel in Verbindung. Jetzt gestalteten sich die Dinge wohl aus dem Grunde anders, weil der Kaiser sich auf alle Fälle der bedrohlichen politischen Konstellation halber[4] Konrads Freundschaft dauernd

---

[1] ἄνδρες τῶν ἐπὶ δόξης. Cinnamus.
[2] cf. Odo p. 1213.
[3] Arn. Lub. 122.
[4] Zwischen Griechen und Franzosen bestand ein feindseliges Verhältnis und ein Krieg mit Roger von Sizilien war in Aussicht.

sichern wollte. In bezug auf das Ceremoniell konnte er auch jetzt um so eher zu Zugeständnissen bereit sein, als Konrad ihm nicht mehr wie damals als Gebieter über Hunderttausende gegenüber stand, gegen den er die Würde und Hoheit des byzantinischen Reiches zu wahren sich für besonders verpflichtet hielt, sondern lediglich als ein befreundeter Monarch, der durch Mifsgeschick und Krankheit gebeugt zu ihm kam, um in der ärztlichen Pflege und der Bequemlichkeit der Grofsstadt und des griechischen Hofes die Gesundheit des Körpers und die Spannkraft des Geistes zurückzugewinnen.

Immerhin kann ich nicht glauben, dafs der Kaiser sich dazu herbeigelassen habe, in eigener Person mit seiner Gemahlin Konrad aus Ephesus abzuholen, und die Art, wie Bernhardi zu diesem Schlusse gelangt, scheint mir mindestens allzu kühn.

Ich glaube auf diesen Punkt etwas näher eingehen zu sollen, weil, wenn sie sich bestätigt, diese Thatsache für uns von grofsem Interesse wäre, und ich anderseits die Behauptung Bernhardis, da sie einmal aufgestellt ist, nicht ohne Begründung abweisen darf. Es handelt sich um einen Brief, den Konrad vor seiner Abreise von Konstantinopel an Wibald geschrieben hat[1], in dem es heifst: Diutina infirmitas nos tenuit. Quod cum frater noster Grecorum imperator audiret, vehementer indoluit et cum filia nostra, dilectissima imperatrice, sua conjuge ad nos prepropere descendit, liberaliter nobis et principibus nostris sua et necessaria ad iter nostrum largiens, quatinus a medicis suis citius curaremur, quasi vi Constantinopolim in palatium suum reduxit. Bernhardi sagt: „Es ist unmöglich, diese klaren und bestimmten Worte anders zu deuten, als dafs Manuel und Irene selbst nach Ephesus kamen. Aber aus Scheu vor andern Quellen hat man sie übergegangen". Mir scheinen diese Worte nichts weniger als klar und bestimmt und gewifs nicht klar und bestimmt genug, um aus ihnen eine Folgerung zu ziehen, die mit allen übrigen Quellen, soweit sie sich über den Vorgang aussprechen, in Widerspruch steht. Auch ich würde vielleicht, wenn nicht andre Angaben

---

[1] Wib. ep. 78

vorlägen, Konrads Worte dahin interpretieren, dafs der Kaiser ihn von Ephesus abgeholt habe, obgleich immer descendere ein sehr ungewöhnlicher Ausdruck für die Seereise von Konstantinopel nach Ephesus wäre. Und ich würde auch anderseits nicht Anstand nehmen, seine Aussage allen andern gegenüber aufrechtzuerhalten, wenn sie wirklich jene Thatsache unzweideutig ausspräche. So aber, da wie ich glaube, der zweite Fall so wenig vorliegt wie der erste, halte ich Konrads Angabe einfach für ungenau und suche sie, so gut es geht, mit den übrigen in Einklang zu bringen. Ich fasse also descendere in der nicht seltenen Bedeutung, „aus dem Inneren des Landes sich an die Küste begeben (wie griech. καταβαίνειν) und erkläre den folgenden Satz bis largiens: „nachdem er uns alles zur Reise Nötige reichlich zur Verfügung gestellt hatte". Der Sinn der ganzen Stelle würde alsdann der folgende sein: Da der Kaiser von unsrer Krankheit gehört hatte, eilte er mit seiner Gemahlin uns bis an die Küste entgegen, nachdem er uns auch freigiebig die Mittel zur Reise verschafft hatte. So würde (nach Vergleichung der übrigen Quellen) der ganze Vorgang etwa folgendermafsen darzustellen sein: Manuel lud Konrad brieflich nach Konstantinopel und sicherte ihm wahrscheinlich einen ehrenvollen Empfang zu. Er schickte darauf ein Geschwader nach Ephesus, um Konrad und sein Gefolge nach Konstantinopel zu führen. Für den König selbst und die Vornehmsten aus seiner Umgebung waren drei prächtig mit Gold und Silber verzierte Schiffe ausgerüstet. An der thracischen Küste empfing ihn schon bei seiner Landung der Kaiser mit seiner Gemahlin und den Grofsen des Reichs und geleitete ihn persönlich in die Stadt. Das eben war es, was Konrad im Septbr. 1147 vergeblich verlangt hatte. In Konstantinopel wurde Konrad während seiner Krankheit, die ihn von neuem befiel, aufs beste, sogar vom Kaiser selbst, der in der ärztlichen Kunst bewandert war, gepflegt. Reichlich wurde er wie sein Gefolge mit Geschenken ausgestattet. Nach seiner Genesung unterhielt man ihn mit allen Vergnügungen der Hauptstadt. Persönlich wurden ihm sicherlich fortgesetzt die höchsten Ehren erwiesen. Als er im Frühjahr die Kreuzfahrt wieder aufzunehmen wünschte, versah ihn Manuel reichlich mit Geld und Schiffen und geleitete ihn wieder mit seiner Gemahlin ans Ufer, wie er ihn dort bei seiner Ankunft empfangen hatte.

Bei seiner Rückkehr vom heiligen Lande begab Konrad sich zum Kaiser nach Thessalonich [1] und verbrachte alsdann mit ihm den Winter 1148/49 in Konstantinopel.

---

[1] Dafs er ihn dort, wie Giesebrecht annimmt, zufällig getroffen habe, kann ich nicht glauben.

II. Der briefliche Verkehr.

Der mittelalterliche Briefstil im allgemeinen.

Das Interesse, welches die im Vorstehenden betrachteten Umgangsformen der Fürsten uns boten, gipfelte darin, dafs dieselben dazu beitragen können, uns einen Einblick in die Auffassung des Mittelalters von der staatsrechtlichen Stellung souveräner Fürsten zu einander gewinnen zu lassen.

Eine Ergänzung dazu zu bilden und diese Kenntnis weiter zu fördern, sind die Formen des brieflichen Verkehrs zwischen eben denselben Fürsten wohl geeignet. Ihre Betrachtung soll den zweiten Teil unsrer Untersuchungen bilden. Dieser Teil soll das 10., 11. und 12. Jahrhundert umfassen. Der Tod Heinrichs VI. bietet hier einen passenden Abschlufs, während wir im ersten Teil um der bequemeren Behandlung der einzelnen Zeremonien willen den Zeitraum bis 1250 wohl hinzuziehen, ja mehrfach selbst über diese Grenze noch hinausgehen mufsten.

Wir werden zunächst die für uns in Betracht kommenden aus der grofsen Menge mittelalterlicher Briefe herauszuheben, wir werden uns zuvor nach denjenigen Formen des allgemein im

Mittelalter üblichen Briefstils umzusehen haben, deren Untersuchung in den uns beschäftigenden Briefen unsre Aufgabe sein muſs. Dazu ist es unumgänglich, mit wenigen Worten wenigstens die Art zu schildern, wie überhaupt im Mittelalter Briefe geschrieben wurden.

Es hat wohl zu allen Zeiten bis zu einem gewissen Grade fest bestimmte Formen gegeben, an die man sich bei der Abfassung von Briefen zu halten pflegte. Die kunstfertige und formvollendete Abfassung derselben wurde während des ganzen Mittelalters zum Gegenstande einer eigenen Disciplin gemacht und in den Schulen sowie in den Kanzleien der Fürsten planmäſsig erlernt.[1] Zahlreiche Anleitungen zum Briefstil und reiche Sammlungen echter und fingierter Briefe geben Zeugnis davon, mit welchem Eifer man auch in diesem Zweige der Kanzleithätigkeit die höchste Vollendung zu erreichen bemüht war. An dieses Ziel zu gelangen war keineswegs ganz leicht; denn auſser einer vollständigen Geläufigkeit im Gebrauche des lateinischen Stils, welche natürlich, da alle Briefe in lateinischer Sprache geschrieben wurden, als wissenschaftliche Grundlage unentbehrlich war, auſserdem, sage ich, kam es für den Jünger der Briefschreibekunst, annähernd in demselben Maſse wie für denjenigen, der die Urkundensprache erlernen wollte, auf die Beherrschung gewisser ein für allemal feststehender Formen an. Diese Formen waren sehr verschieden je nach der Person desjenigen, von dem der Brief ausging, nach der des Empfängers, nach Zweck und Inhalt des Schreibens.

Bei unsern heute geschriebenen Briefen erscheint der Name des Absenders erst am Ende des Briefes, sodaſs der Empfänger, der naturgemäſs zuerst zu erfahren wünscht, wer ihm schreibt,

---

[1] Vgl. Wattenbach, *Über Briefsteller des Mittelalters* im *Archiv f. Kunde öster. Gschqu.* XIV. 29 ff. und Rockingers Einleitung zur Ausgabe der Briefsteller und Formelbücher des 11. bis 14. Jahrh. in den *Quellen und Erört. z. bayr. und deutschen Gesch.* IX. Auch auf den Brief Wibalds von Stablo an Eberhard von Bamberg, in welchem von den Schwierigkeiten des Briefstils und der dabei geltenden Tradition gesprochen ist, mag an dieser Stelle hingewiesen werden. Jaffé I. 501.

gezwungen ist, ehe er den Brief liest, einen Blick auf den Schluſs desselben zu werfen. Anders war es im Mittelalter, das sich, wie in vielen Dingen, so auch hier an den Brauch des Altertums anschloſs. Wir wissen, wie Cicero seinen Namen und den des Empfängers an die Spitze der von ihm geschriebenen Briefe stellt. Der Name des Absenders steht im Nominativ, der des Empfängers im Dativ. Dabei ist oft, aber nicht immer, ein kurzer Gruſs (salutem oder s. p. d.) hinzugefügt. Eine solche Aufschrift, Gruſsformel oder salutatio findet sich auch an der Spitze der im Mittelalter geschriebenen Briefe, nur in erweiterter Form. Namentlich bei hochstehenden Persönlichkeiten wird im Lauf der Zeit die salutatio immer mehr erweitert, Titel und Würden nicht nur, auch ehrende Eigenschaften legt man dem Adressaten und auch sich selbst bei, und der eigentliche Gruſs, die salutatio im engeren Sinn, bewegt sich wohl innerhalb gewisser fester Formen, wird aber daneben auch mit einer oft weitgehenden Freiheit behandelt und wohl mit prunkendem Wortschmuck ausgestattet.

Von groſser Bedeutung ist die Reihenfolge der Namen in der salutatio. Denn keineswegs steht der des Absenders immer an erster Stelle, wie dies bei Cicero der Fall ist. Eher könnte man umgekehrt glauben, daſs es im frühen Mittelalter eine Zeit gegeben hat, da man allgemein in Briefen den Namen des Empfängers dem eigenen voranstellte. Die Päpste beispielsweise haben diese Regel bis in die Mitte des 9. Jahrhunderts befolgt.[1] Allmählich wird es aber zur allgemeinen Regel, daſs in allen Briefen der Name der höhergestellten Persönlichkeit vorangestellt wird, gleichviel ob diese der Absender oder der Empfänger des Briefes ist. In Briefen zwischen Gleichgestellten findet sich der Name des Adressaten regelmäſsig an erster Stelle. So erhalten wir das Schema:

        A superior   B inferiori.
        A superiori B inferior.
        A pari   B par.
        B pari   A par.

---

[1] Vgl. die Abhandlung von Garnier in Rozières Ausgabe des *Liber diurnus* p. 277 ff.

Bei der Konsequenz, mit der dieses Prinzip befolgt wird, kann also die Reihenfolge der Namen in der salutatio dazu dienen, in zweifelhaften Fällen das Rangverhältnis der beiden korrespondierenden Personen zu erfahren. So viel über die salutatio.

Der salutatio entspricht gewissermafsen eine im früheren Mittelalter häufige subscriptio. Es ist eine Schlufsformel, fast stets einen frommen Wunsch enthaltend, welche wohl nur bei hochstehenden Persönlichkeiten üblich war, die ihre Briefe nicht selbst zu schreiben pflegten, den Schlufssatz aber eigenhändig hinzugefügt haben. Denn wenn ich nicht irre, ist das die Bedeutung der subscriptio, so oft sie sich findet.

Eine Datierung von Briefen findet sich oft, aber nicht regelmäfsig.

Salutatio und subscriptio sind die einzigen Teile des Briefes, in denen wirklich feste Formen auftreten, in dem eigentlichen Briefe kann von solchen nur hin und wieder gesprochen werden. Denn die in den Formelbüchern und Briefstellern[1] vielfach so scharf unterschiedenen fünf Teile eines jeden Briefes sind in wirklichen Briefen nur selten zu erkennen. Einige dieser Teile pflegen vorhanden zu sein, aber kaum jemals alle vereint, wie die Theorie es verlangt. Diese Teile sind: salutatio, benevolentiae captatio, narratio, petitio, conclusio. Unter ihnen ist die salutatio der einzige regelmäfsig auftretende Bestandteil des Briefes. Wohl mehr bei der schulmäfsigen Anfertigung von Briefmustern als in der wirklich geübten Praxis sind diese Briefteile zu wirklicher Bedeutung gekommen.

Am Anfang des Briefes, hinter der salutatio, wo die Theorie eine benevolentiae captatio verlangt, findet sich oft eine allgemein gehaltene Einleitung, der arenga der Urkunden vergleichbar, wie sie auch als arenga, exordium, prooemium, proverbium bezeichnet wird. Dafs sich narratio und petitio nicht regelmäfsig finden, ist schon deshalb natürlich, weil eben nicht jeder Brief die Erzählung eines Thatbestandes und eine daran geknüpfte Bitte oder Aufforderung enthält. Eine conclusio, d. h. ein am Schlusse des Briefes befindlicher allgemeiner Wunsch oder Gedanke findet sich

---

[1] Vgl. den nächsten Abschnitt.

oft, aber durchaus nicht regelmäfsig. Dafs dabei in bestimmten Korrespondenzen bestimmte Gedanken sich wiederholen, ist eine mehrfach zu beobachtende Erscheinung.[1] Wo dieser häufig wiederkehrende Gedanke auch jedesmal mit denselben Worten ausgedrückt wird, wie das im früheren Mittelalter der Fall ist, da haben wir die schon besprochene Form der subscriptio vor uns. Zu den feststehenden Formen des Briefstils gehört bei einigen Korrespondenzen auch der Numerus. Dabei genügt es nicht festzustellen, ob der Briefschreiber den Adressaten tu oder vos anredet; der Numerus der zweiten Person mufs mit dem der ersten stets verglichen werden.

Auf diese Punkte werden wir besonders unser Augenmerk zu richten haben, wenn wir die Korrespondenz des deutschen Königs mit auswärtigen souveränen Fürsten betrachten. Zunächst wollen wir uns mit den im Mittelalter selbst aufgestellten Theorien des Briefstils beschäftigen.

Die mittelalterlichen Theorien des Briefstils.

Wie in allen Dingen im Mittelalter auf die Formen hoher Wert gelegt wurde, so ist es natürlich, dafs dieselben, soweit sie sich auf die Abfassung von Schriftstücken bezogen, auch aufgezeichnet wurden. Was die zahlreichen Formelbücher für die Kenntnis des mittelalterlichen Urkundenwesens bedeuten, brauchen wir hier nicht zu erörtern; uns beschäftigen die für den Briefstil aufgestellten Theorien. Es kann auch nicht unser Beruf sein, diese ausführlich darzulegen, nur die allgemeinen Züge und was sich auf die Korrespondenz der souveränen Fürsten bezieht, soll hier ins Auge gefafst werden.

---

[1] Wie am Schlusse der heutzutage zwischen souveränen Fürsten gewechselten Kanzleischreiben stets Freundschaftsversicherungen oder fromme Wünsche ausgesprochen werden. Cf. Heffter, *Das europäische Völkerrecht*. 7. Aufl. 1882. p. 461.

Auffallend ist es, dafs diese Theorien der Praxis, für die sie doch bestimmt sind, so selten ganz entsprechen. Aus diesem Grunde sind sie auch nicht schlechtweg Quellen für die Praxis, sondern sind von dieser getrennt zu betrachten. Und diese Betrachtung ist auch nicht überflüssig, weil immer ein Zusammenhang zwischen Theorie und Praxis vorhanden ist. Wie eng dieser sei, hängt im einzelnen Falle auch mit dem Umstand zusammen, ob wir eine offizielle Aufzeichnung oder eine Privatarbeit über die Theorie vor uns haben.

„An der Schwelle des Mittelalters steht Cassiodor, der auf den Wunsch seiner Freunde die von ihm erlassenen amtlichen Schreiben sammelte, mit der ausgesprochenen Absicht, dafs sie andern zum Vorbilde dienen sollten."[1]

In diesen Briefen ist nun die salutatio sehr einfach und schmucklos. Die Gothenkönige, von denen die Briefe ausgehen, fügen ihrem Namen nur den Titel rex hinzu und auch der Adressat wird in einfacher Weise angeredet. Der eigentliche Grufs, die salutatio im engeren Sinne, fehlt ganz. Auch direkte Anreden sind selten. Dafs ursprünglich eine subscriptio vorhanden gewesen sei, ist anzunehmen, doch kann es heute wohl nicht mehr erwiesen werden. Die Variae sind von Cassiodor, wie wir wissen, aus den Registern des Hofes von Ravenna zusammengestellt. Diese aber sind nicht nach den Briefen selbst, sondern nach den Konzepten derselben angefertigt. Im Konzept findet sich natürlich noch keine subscriptio, die eben von dem Fürsten eigenhändig auf dem Original hinzugefügt wurde. Allgemein ist zu bemerken, dafs die Sprache in diesen Briefen schwülstig und oft von unerträglicher Breite ist. Die einzelnen Gruppen der Briefe sind nicht viel von einander verschieden. An wen immer der Brief gerichtet ist, immer steht in der salutatio der Name des Gothenkönigs an zweiter Stelle. An die Könige der Burgunder, Thüringer, Heruler, Vandalen, Westgothen, Franken schreibt der Ostgothenkönig in den Numeri: Nos und vos, dem griechischen Kaiser gegenüber nennt sich der Gothenkönig oft ego (Theodorich freilich nur nos). Statt des vos finden sich hier

---

[1] Wattenbach, l. c. p. 31.

ehrende Umschreibungen wie clementia vestra[1], serenissima pietas vestra[2] u. a., der Papst wird in einem an ihn gerichteten Briefe neben dem einfachen vos auch sanctitas vestra genannt.[3] Alle diese Briefe haben wenig Individuelles.

Von viel größerer Wichtigkeit als Cassiodors Variae ist für uns der Liber diurnus. Er ist in der päpstlichen Kanzlei abgefaßt zu einer Zeit, wo die Herrschaft über Rom noch in den Händen des byzantinischen Kaisers lag. Wenn für Rom und in gewisser Weise für das ganze Abendland eine neue Epoche erst im Jahre 800 mit Karls des Großen abendländischem Kaisertum beginnt, so führt uns der Liber diurnus noch in die Übergangszeit. Die vielen an ihn sich knüpfenden Streitfragen[4] brauchen wir hier nicht zu erörtern. Wir beschränken uns darauf, mit dem Herausgeber de Rozière an der Annahme festzuhalten, daß er in der päpstlichen Kanzlei[5] und in dem Zeitraum zwischen 685 und 751[6] zusammengestellt ist, eine offizielle, für den Gebrauch in der päpstlichen Kanzlei bestimmte Sammlung.

Als feststehende Form tritt hier neben der salutatio, welche noch superscriptio genannt wird, die in unsrer Einleitung bereits charakterisierte subscriptio auf. Was wir aus dieser so wichtigen Sammlung zu entnehmen haben, sind wenige salutationes und die entsprechenden subscriptiones. Der Einfachheit halber können wir sie im Wortlaut folgen lassen:

Der Papst an den griechischen Kaiser:[7]

Superscriptio. Domino piissimo et serenissimo, victori ac triumphatori filio, amatori Dei et Domini nostri Jesu Christi, illi] augusto, ille episcopus, servus servorum Dei. Subscriptio: Piissimum Domini imperium gratia superna custodiat eique omnium gentium colla substernat.

---

[1] Ausgabe von Garetius, p. 164 und häufiger.
[2] p. 3.
[3] p. 147.
[4] cf. die Einleitung zur Ausgabe des *L. d.* von de Rozière 1869.
[5] ib. XIII—XIV.
[6] ib. XV ff.
[7] Rozière p. 1.

Derselbe an die griechische Kaiserin:[1]

Superscriptio: Dominae piissimae filiae, illi augustae, ille episcopus, servus servorum Dei. Subscriptio: Vestrae pietatis imperium gratia superna custodiat, domina filia. Item alia: Incolumem serenitatem vestram divina conservet maiestas, domina filia.

In diesen, wie in den übrigen superscriptiones des Liber diurnus steht fast durchweg der Name des Adressaten an erster Stelle, selbst wenn der Papst an ihm untergebene Geistliche schreibt. Den Kaiser und die Kaiserin redet er als filius und filia an. In den Beiwörtern sehen wir am stärksten die Frömmigkeit betont. Von der subscriptio dürfen wir annehmen, dafs sie der Papst eigenhändig geschrieben habe, wie er ja auch die Schlufsformel in seinen Urkunden selbst geschrieben hat.

Von der päpstlichen Sammlung wenden wir uns zu den im fränkischen Reiche entstandenen Formelbüchern.[2] Am wichtigsten ist das des Marculf.[3] Abgefafst ist es um 700 und seine grofse Bedeutung rührt daher, dafs es schon unter Pippin offiziell benutzt wurde. Nach Marculf stellt der fränkische König nicht nur in Briefen an Könige oder Kaiser, sondern selbst an Bischöfe seinen Namen an die zweite Stelle. Eine salutatio im engeren Sinne ist nicht vorhanden; auch die subscriptio fehlt. Die Redeweise ist nos und vos; statt des letzteren auch Umschreibungen wie vestra celsitudo, gloria, clementia.

Die meisten der übrigen fränkischen Formelbücher liefern für unsren Zweck keine Ausbeute. In den Formulae Bituricenses[4] findet sich ein Muster für die salutatio eines Papstes an einen König; aus der collectio Sangallensis[5] kennen wir einen aus dem Jahre 878 oder 879 stammenden Brief Ludwigs des Jüngeren an Ludwig den Stammler, der hier als Muster für ähnliche Fälle mitgeteilt wird. Die Aufschrift lautet: Dilectissimo

---

[1] Rozière. p. 7.

[2] ed. Zeumer: *M. G. Formulae*, de Rozière: *Recueil des formules usités dans l'empire des Francs du V. au X. siècle.*

[3] Zeumer p. 32 ff.

[4] Zeumer p. 180.

[5] Zeumer 412. Rozière II. 965. cf. Dümmler II 97.

fratri et unanimi amico, gloriosissimo Galliarum, Aquitaniae et Hispaniae regi Hludovico cognominis vester Hl. rex Francorum. Die eigentliche salutatio folgt in einem selbstständigen Satze: Gratia vobis et pax atque victoria de caelo subministrentur. Die Redeweise ist nos und vos. Am Anfang des Briefes findet sich eine im leidenschaftlichen Tone gehaltene direkte Anrede: Frater carissime, sanguis et ossa mea, pars animae meae, nomen meum.

Aufser diesem wenigen Material sind weder bei Zeumer noch bei Rozière Briefmuster überliefert, die einen der uns interessierenden Fälle beträfen. Was wir also bis zum 11. Jahrhundert an Briefmustern haben, ist äufserst unbedeutend und kommt neben der grofsen Zahl wirklich erhaltener Briefe kaum in Betracht.

Wir wenden uns nun zu den vom 11. Jahrhundert an entstandenen zahlreichen Arbeiten über Briefstil.[1] Alle diese sind privater Natur, offizielle Formelsammlungen tauchen erst um das Jahr 1300 wieder auf. Die Briefsteller haben trotz ihres privaten Charakters einen gewissen Zusammenhang mit den Formen der wirklich geschriebenen Briefe, da ja in den Schulen des Briefstils die Notare der Kanzleien herangebildet wurden. Merkwürdig ist die grofse Übereinstimmung in allen Briefstellern. Man sieht daraus, dafs die Theorie des Briefstils sowohl feststehend und weit verbreitet war als auch nach einer gewissen Tradition in eine bestimmte Darstellungsform gekleidet zu werden pflegte.[2]

Auf Alberich von Monte Cassino, der in der zweiten Hälfte des 11. Jahrhunderts lebte, „geht nach der bisherigen Forschung die Theorie der ars dictandi zurück."[3] Aus seiner Anleitung zum Briefstil möge einiges hier erwähnt werden. Alberich unterscheidet fünf Teile des Briefes: Salutatio, benevolentiae captatio,

---

[1] Ausgabe von Rockinger: *Briefsteller und Formelbücher des 11. bis 14. Jahrhunderts* in den *Quellen und Erörterungen zur bayrischen und deutschen Geschichte*. IX.

[2] cf. Rockingers Einleitung und Wattenbach a. a. O.

[3] Rockinger p. 3. Wattenbach, *Deutschlands Geschichtsquellen* II 212 N. 4 spricht dem Alberich die Abfassung der Rationes dictandi ab und erklärt sie für jünger.

narratio, petitio atque conclusio. Die salutatio wird folgendermaſsen definiert: salutatio est oratio salutis affectum indicans a personarum situ non discordans. Weiter unterscheidet er: salutatio prescripta, subscripta und circumscripta, je nachdem die dem Namen des Empfängers beigefügten Worte nach, vor oder vor und nach demselben stehen.[1] Der etwaigen Würde des Absenders ist ein Ausdruck der Bescheidenheit hinzuzufügen; z. B. Johannes episcopus licet indignus. Der Name des Empfängers steht immer an erster Stelle, auſser cum major scribit minori. Der Name des Empfängers steht im Dativ, die salutatio (im engeren Sinne) im Akkusativ. Die in der salutatio vorkommenden Ausdrücke sollen auch dem Stoffe (und dem Tone) des ganzen Briefes einigermaſsen entsprechen.[2] So soll also die salutatio mit einer gewissen Freiheit behandelt werden. Es folgt die Darstellung der übrigen Teile des Briefes. Doch gibt der Verfasser selbst zu, daſs nicht alle fünf Teile in dem Briefe vorkommen müssen. Am Ende machen noch die salutatio mit einer bloſsen narratio einen Brief aus. Die Reihenfolge der einzelnen Teile braucht nicht streng eingehalten zu werden. So kann die captatio benevolentiae auch, statt am Anfang zu stehen, im Laufe des Briefes hinter der narratio oder selbst noch hinter der petitio ihren Platz finden. Endlich gibt der Verfasser einige rein grammatische Regeln.

Es folgt für uns die Schrift des Bologneser Domherrn Hugo.[3] Er verfaſste seine rationes dictandi prosaice nicht vor 1119. Je nachdem ein Brief an eine höherstehende, untergeordnete oder gleichgestellte Person gerichtet ist, werden unterschieden: epistolae supremae, infimae, mediocres. Die Teile des Briefes unterscheidet Hugo anders als Alberich: preterea trina in

---

[1] Das ist der gewöhnliche Sinn dieser Ausdrücke. Sie haben mit der Reihenfolge der Namen nichts zu thun, wie Sickel, *Acta Karolinorum* p. 401/402 meint.

[2] p. 17. *Preterea considerandum est diligenter, ut aliquotiens tales salutationes epistolis ponere studeamus, que scilicet materie, de qua consequenter tractaturi sumus, competere videantur.*

[3] Daſs sie von diesem und nicht von Benno von Meiſsen herrührt, hat nachgewiesen Wattenbach l. c. p. 35/36.

epistolis est consideratio exordium videlicet atque narratio et ex istis procedens certa conclusio. Diese Unterscheidung ist in der Praxis viel häufiger zutreffend als die des Alberich. Auch Hugo, der sich bei seinen Definitionen vielfach ciceronianischer Ausdrücke bedient, will der benevolentiae captatio ihren Platz anweisen. Dieselbe soll aber nicht einen eigenen Teil des Briefes ausmachen, sondern in jene drei Teile verschmolzen werden. Die narratio soll den blofsen Thatbestand schmucklos auseinandersetzen. Von den vom Verfasser angegebenen salutationes sind einige für uns von Interesse.[1] So schreibt der Papst an den Kaiser: C. episcopus servus servorum Dei H. Cesari Romanorum imperatori augusto dilecto in Christo filio salutem et apostolicam benedictionem. Oder H. Cesari imperatori invictissimo regni concordiam, inimicorum victoriam et eternitatis gloriam. Ist er ein Feind der Kirche, so heifst es: salutem pro merito oder: salutem cum meruerit oder: malorum compunctionem, oder: abrenuntiationem, equitatis et pacis dignam imitationem. Der Kaiser schreibt: C. Romane sedis oder prime sedis pontifici Dei gratia patri universali H. Cäsar licet indignus Romanorum imperator augustus debite subjectionis reverentiam.

Auch der bekannte codex Udalrici[2] ist zu einem didaktischen Zweck zusammengestellt. Da die darin enthaltenen Briefe sämtlich wirkliche und nicht fingierte Briefe sind, so wird ihre Betrachtung an andrer Stelle erfolgen und kann hier unterbleiben. Die vorangeschickten Salutationes sind sämtlich aus den Briefen selbst entnommen; sie liefern uns also kein neues Material und können hier unerörtert bleiben. Auch sind die späteren Briefsteller vom codex Udalrici unbeeinflufst geblieben und statt dessen auf dem von Alberich und Hugo eingeschlagenen Wege fortgeschritten.

Aus der zweiten Hälfte des 12. Jahrhunderts stammt die Ars dictandi Aurelianensis.[3] Wie bei Alberich werden fünf Teile des Briefes unterschieden, nur dafs hier das exordium an die Stelle der benevolentiae captatio tritt. Der Papst schreibt dem Kaiser: A. epi-

---

[1] bei Rockinger p. 61.
[2] ap. Jaffé V.
[3] Rockinger p. 95 ff.

scopus servus servorum Dei dilecto filio F. Romanorum imperatori et semper augusto salutem et apostolicam benedictionem. Der Kaiser schreibt dem Papst: Sanctissimo patri ac domino A. Dei gratia summo pontifici F. devotus filius eadem gratia Romanus imperator et fidelis suus salutem et debite fidelitatis famulatum oder debitam fidelitatem oder salutem et obsequium. Der streng kirchlich gesinnte Autor fügt noch die Worte hinzu: debet sic scribere et non aliter scribat. Er ist sich wohl bewußt, daß die von ihm angegebene Form nicht die gewöhnlich angewendete sei. Hier erscheint eben der Kaiser vollkommen als Vassall des Papstes. Das geht zum Überfluß noch klarer aus den folgenden Worten des Verfassers hervor: Ceteri non vocant se fideles. nec etiam principes vocant se fideles, nisi illi, qui astricti sunt ei (papae) dominio, wobei statt dominio vielleicht hominio zu lesen ist; der Sinn wäre noch deutlicher.

Wir gehen sofort über zur sächsischen summa prosarum dictaminis.[1] Sie ist in den 30er Jahren des 13. Jahrhunderts niedergeschrieben nach den Vorträgen des Bischofs Gernand von Brandenburg. Mit einer gewissen Geringschätzung spricht dieser Autor von den alten, strengen Formen des Briefstils. Sie seien höchstens noch in sehr wichtigen Angelegenheiten und im Verkehr mit hochgestellten Persönlichkeiten anzuwenden; sonst genüge es, wenn nur eine formell richtige salutatio vorhanden sei. Der Papst begrüßt alle geistlichen und weltlichen Personen mit salutem et apostolicam benedictionen. Der Kaiser und alle Könige grüßen alle ihnen untergebenen Personen mit gratiam suam et omne bonum.

Wenige Jahre später oder in dieselbe Zeit wie das sächsische Formelwerk fällt die summa dictaminum des Ludolf von Hildesheim.[2] Dieser Autor verlangt wieder die fünf Teile des Briefes, von denen mindestens zwei, nämlich salutatio und narratio oder salutatio und petitio vorhanden sein müssen. Niemals darf die salutatio fehlen. In derselben stehen Absender und Empfänger des Briefes in der dritten Person, im übrigen Brief in der ersten

---

[1] Rockinger p. 201 ff.
[2] Rockinger p. 347 ff.

und zweiten, in singulari vel in plurali. Dies ist meines Wissens die erste Erwähnung des Numerus in einem Formelbuch. Ein Höherer hat nach Ludolf an einen Geringeren zu schreiben: salutem et omne bonum oder gratiam suam oder bonam voluntatem. Dem Geringeren kommt es nicht zu, salutem zu schreiben, sondern servicium oder obsequii promptitudinem oder paratum obsequium ad omnia. Gleichgestellte schreiben einander: servicium oder fidele obsequium oder oraciones. Der Papst schreibt dem Kaiser: Gregorius ep. s. s. D. dilecto filio R. Rom. imp. et semp. aug. sal. et ap. ben. Der Kaiser dem Papst: Sanctissimo oder reverentissimo domino suo ac patri Gregorio sacrosancte Romane ecclesie summo pontifici intimam dilectionem et debitum cum obedientia servicium.

Am Schlusse unsrer Periode steht Konrad von Mure.[1] „Seine Blüthe fällt nach Zürich in die Mitte und die letzte Hälfte des 13. Jahrhunderts."[2] In etwas veränderter Form, aber der Sache nach in gleicher Weise wie seine Vorgänger führt er die Formen des Briefstils vor. Wir haben aus der sonst so wichtigen Schrift wenig zu entnehmen. Der Kaiser, erfahren wir, stellt seinen Namen und Titel vor alle andern mit Ausnahme des Papstes. Er bietet allen gratiam suam et omne bonum oder gratiam suam cum salute oder salutem et suam bonam voluntatem oder Ähnliches. Der Papst nennt alle Geistlichen bis zu den Bischöfen herab fratres, alle übrigen Personen, auch Kaiser und Könige filios.[3] Der Name des Papstes steht immer an erster Stelle, sei es dafs er der Absender, sei es dafs er der Empfänger eines Briefes sei. Dem Papst schreibt man: sanctissimo patri ac domino suo Gregorio sacrosancte Romane sedis summo pontifici.

---

[1] Rockinger, p. 403 ff.
[2] Rockinger, p. 405.
[3] Diese Regel ist auch in der Praxis befolgt worden. In einem Briefe (Baluze I 573) an einen Bischof spricht Innocenz III seine Verwunderung aus, dafs jener einen gefälschten Brief des Papstes für echt habe halten können, in dem dieser den Bischof „Sohn" anredete. Alle Welt wisse doch dafs der Ausdruck „Bruder" gebräuchlich sei. „Sohn" nenne der Papst die Könige.

Die Theorien des Johannes Anglicus[1], Dominicus[2] und Johannes Bononiensis[3] können wir übergehen, auf die practica dictaminis[4] braucht nur aufmerksam gemacht zu werden; nur aus dem Baumgartenberger Formelbuch[5] soll einiges hier angeführt werden. Dasselbe ist freilich erst am Anfang des 14. Jahrhunderts entstanden, geht aber zum großen Teil auf ältere Sammlungen und Aufzeichnungen der Theorie zurück, so daß es auch für unsre Periode nicht ohne Bedeutung ist. Die Briefmuster stammen zum Teil aus der Zeit Friedrichs II. Der Papst begrüßt den Kaiser nach des Verfassers Ausführungen[6] folgendermaßen: Eugenius ep. s. s. D. dilecto in Christo filio ac fideli suo invictissimo Rom. imp. et semp. aug. sal. et ap. ben. Ebenso, heißt es, schreibt er dem Könige vor der Kaiserkrönung, indem er ihm eben nur den Titel rex oder electus Romane ecclesie [beilegt. Ähnlich schreibt er dem griechischen Kaiser. Der römische Kaiser schreibt an den Papst: Sanctissimo etc. F. Dei gratia Rom. imp. et semper augustus et Sicilie rex, cum debite subjectionis reverentia paratum ad omnia famulatum et pedum oscula beatorum. Der deutsche Kaiser schreibt dem griechischen: F. Dei gratia Romanorum rex et semp. aug. Jerusalem et Sycilie rex magnifico principi et illustri Dei gratia Constantinopolitano regi salutem et prosperitatis obtentum. Jener antwortet: A. Dei gratia Constantinopolitani regni angelus et semper augustus dilecto et illustri principi F. Dei gratia Romani regni advocato salutem et omne bonum. Bemerkenswert ist dabei, daß der Autor von dem griechischen und deutschen Herrscher als imperatores spricht, aber keinen von beiden in der salutatio sich selbst oder den Adressaten also nennen läßt. Den salutationes fügt der Verfasser hinzu: Ita se scribunt mutuo hii duo reges seu imperatores, ita quod semper mittens persona preponit se in salutatione ex quadam arrogantia. Die Thatsache, daß jeder von beiden seinen Namen

---

[1] Rockinger 483 ff.
[2] ib. 517 ff.
[3] ib. 593 ff.
[4] 949 ff.
[5] ib. 713 ff. u. e. vollst. Ausg. v. Baerwald in *Fontes rer. Austr.* XXV.
[6] Baerwald p. 6.

voranstellt, ist richtig. Eine Anmafsung würde der Verfasser aber darin wenigstens von seiten des deutschen Kaisers nicht erkennen wollen, wenn er wüfste, dafs dieser in allen Briefen, mit Ausnahme der an den Papst gerichteten, seinen Namen voranstellt. Der Verfasser aber meint, der Kaiser schreibe an Könige, die nicht zum Reiche gehören: Viro inclito et illustri Dei gratia tali regi Franciae, Anglie vel Hyspanie F. Dei gratia ut supra (an den griechischen Kaiser) sincere dilectionis constantiam et affectum. Die Praxis entspricht dem nicht. Der französische und andre souveräne Könige schreiben nach dem Baumgartenberger Formelbuch dem Kaiser: Magnifico principi et illustri domino F. ut supra, R. eadem gratia Francorum rex salutem cum summa dilectione. Die von unsrem Autor empfohlenen Briefanfänge finden sich, wie sie eben durchaus natürlich sind, nicht selten in wirklichen Briefen. Der Verfasser gibt noch einige allgemeine Regeln für den Briefstil. Es kann dabei nicht Wunder nehmen, wenn er eine gewisse Schablonenhaftigkeit anempfiehlt und ungewöhnliche Wendungen zu vermeiden rät.[1] Das ist eben die allgemeine Neigung der Menschen im Mittelalter, alles in feste Formen zu bringen.

Vielleicht zu lange schon haben wir uns bei der Betrachtung dieser Theorien aufgehalten. Sie konnten doch nicht unberücksichtigt bleiben wegen ihrer engen Beziehung und zugleich wegen ihres eigentümlichen Gegensatzes zur Praxis der Kanzleien. Zu dieser wenden wir uns nun. Und zurückgreifend müssen wir uns zunächst in Kürze vergegenwärtigen, in welchen Formen souveräne Fürsten vor 911 miteinander korrespondiert haben.

Der briefliche Verkehr souveräner Fürsten vor 911.

Es kann nicht unsre Aufgabe sein, über die zwischen souveränen Fürsten im früheren Mittelalter üblichen Briefformen an

---

[1] Baerwald p. 22. *Notandum igitur in primis, quod in litteris inconsuetum principium poni non debet nec incompetens finis.*

dieser Stelle erschöpfend zu handeln. Denn hier ist unser Zweck, uns mit den früheren Formen eben soweit vertraut zu machen, wie dies wünschenswert ist für ein besseres Verständnis der späteren, deren Untersuchung uns beschäftigen wird. Wir können deshalb auch davon absehen, die Korrespondenzen aller souveränen Fürsten heranzuziehen. Es wird, glaube ich, genügen, wenn wir den Briefwechsel des fränkischen Königs, des Papstes und des griechischen Kaisers unter einander ins Auge fassen.

Bis auf Karls des Grofsen Zeit war der oströmische Kaiser der erste Fürst der Christenheit, und eben im brieflichen Verkehr zwischen ihm und dem Papst sowie zwischen ihm und dem fränkischen König tritt dies deutlich hervor. Denn er ist der einzige Fürst, der in seinen Briefen seinen Namen stets an die erste Stelle setzt. Dafs auch in Briefen an ihn sein Name stets vorangestellt wird, will in dieser Zeit, da in salutationes der Name des Adressaten in der Regel voransteht, nicht viel bedeuten. Wohl aber, dafs seinem Namen besonders viele und ehrende Beiwörter hinzugefügt werden. Der Papst schreibt:[1] Gloriosissimo et clementissimo (auch ac serenissimo) filio N. augusto. Seit Martin I. (649—653) wird die Anrede prunkvoller: Domino piissimo et serenissimo, victori, triumphatori, filio, diligenti Deum et Dominum nostrum Jesum Christum, Constanti augusto Martinus ep. s. s. D. Auch eine subscriptio findet sich jetzt: Piissimum domini imperium superna gratia custodiat et omnium gentium cervices ei subdat. Und ähnlich lauten die späteren salutationes und subscriptiones. Der griechische Kaiser schreibt seinerseits 682 an den Papst: Flavius Constantinus, fidelis in Jesu Christo Deo imperator, Leoni sanctissimo et beatissimo archiepiscopo veteris et clarissimae urbis Romae et oecumenico papae. Die subscriptio lautet: Deus te in multa tempora custodiat, sanctissime et beatissime pater. Die Voranstellung des eigenen Namens war von seiten des griechischen Kaisers erst im 6. Jahrhundert aufgekommen. So schrieb Justinian II. an Papst Agapit I.: Imperator Caesar Flavius Justinianus, Alemannicus,

---

[1] Das Folgende zum Teil nach Garnier, *de indiculo scribendae epistolae* in de Rozières Ausgabe des *Liber diurnus* p. 277 ff.

Gothicus, Francicus, Germanicus, Anticus, Alanicus, Vandalicus, Africanus, pius, felix, inclytus, victor et triumphator, semper augustus, Agapeto sanctissimo archiepiscopo almae urbis Romae et patriarchae. Der fränkische König schreibt an den griechischen Kaiser nicht weniger charakteristisch als der Papst.[1] Hervorzuheben ist die Voranstellung des Kaisers in der salutatio[2], die vielen Beiwörter und der Umstand, dafs der Kaiser vom fränkischen König „Vater" genannt wird, was im brieflichen Verkehr zwischen weltlichen Fürsten auffallend ist und hier offenbar eine Anerkennung des höheren Ranges bedeutet. Die salutatio im engeren Sinne fehlt auch hier. Die Aufschrift eines Briefes aus dem Jahre 588[3] lautet: Domino glorioso, pio, perpetuo, inclyto, triumphatori ac semper Augusto, patri Mauricio imperatori, Childebertus Rex. Die Redeweise ist nos und vos, aber statt vos oft rühmende Umschreibungen wie serenitas vestra, augusta celsitudo vestra, piissimae serenitatis vestrae benignitas u. s. w. Ebenfalls aus dem Jahre 588[4] stammt ein Brief des Kaisers Mauricius an König Childebert, der überschrieben ist: In nomine Domini Dei nostri Jesu Christi, Imperator Caesar, Flavius, Mauricius, Tiberius, fidelis in Christo, Mansuetus, Maximus, Beneficus, Pacificus, Alamannicus, Gothicus, Anticus, Alanicus, Wandalicus, Herulicus, Gypedicus, Africus, Pius, Felix, Inclytus, Victor ac Triumphator, semper Augustus, Childeberto viro glorioso, Regi Francorum. Auffallend ist dabei die invocatio, welche sich sonst in Briefen kaum findet. Die Beinamen stimmen zum Teil mit den dem Papst gegenüber angewendeten überein; nicht ohne Grund scheint sich der Kaiser hier als Sieger über so viele germanische Völkerschaften zu bezeichnen, doch ist der Beiname Francicus dem fränkischen Könige gegenüber fortgelassen.[5]

---

[1] Solche Briefe z. B. bei Bouquet, *Recueil* IV. 58. 59. 59. 82. 83. 83. 86. 91.

[2] In dem Briefe bei Bouquet IV 91, der die Überschrift trägt: *Ad Imperatorem, de Domini nomine* ist offenbar die salutatio nicht überliefert.

[3] Bouquet IV 82.

[4] Bouquet IV. 88.

[5] Der Brief bei Bouquet IV 86, welcher überschrieben ist: *Litterae de imperatore Romanorum directae ad domum Childebertum. Regem*, scheint wieder ursprünglich ohne salutatio überliefert zu sein. Der Fall ist sehr häufig.

Aus den Ausführungen von Garnier geht hervor, daſs in der Zeit von 367 bis 844 die Päpste ihren Namen in den salutationes ihrer Briefe stets an die zweite Stelle zu setzen pflegten. Den Umstand, daſs es bei vielen Briefen Leos und Gregors nicht zutreffe, erklärt Garnier — und wir werden ihm zustimmen dürfen — durch das Verfahren der Sammler. Diese hätten, um ihre Leser nicht durch den sich beständig wiederholenden Anblick einer und derselben Eingangsformel zu ermüden, diese ganz weggelassen und sich mit der bloſsen Angabe des Absenders und des Adressaten begnügt, wobei der Einfachheit halber der Name des Absenders vorangestellt worden sei.[1]

Was nun die Briefe der Päpste an die fränkischen Könige betrifft[2], so ist also zunächst hervorzuheben, daſs der Name des Adressaten an erster Stelle in der salutatio steht. Vor Gregors des Groſsen Zeit lautet die salutatio z. B. Domino filio gloriosissimo atque praecellentissimo Childeberto regi, Pelagius episcopus (aus dem Jahre 556).[3] In diesen Briefen spricht der Papst im pluralis majestaticus, redet aber den König auch in der Einzahl an. Die Briefe sind meist mit einer subscriptio versehen. Dieselbe lautet in mehreren Fällen: Perincolumem Excellentiam vestram Deus noster custodiat, domine fili gloriosissime atque praecellentissime.[4] Wenden wir uns sofort zu den zahlreichen im Codex Carolinus[5] überlieferten Briefen, so finden wir hier dieselbe Reihenfolge der Namen in der salutatio, welche oft lautet: Domino excellentissimo filio et nostro spiritali compatri Pippino regi Francorum et patricio Romanorum Paulus papa. Auch subscriptiones finden wir ziemlich regelmäſsig; der Wortlaut der-

---

[1] Auch an eine Benutzung von Registern, in denen der Name des Absenders ganz fehlte, kann gedacht werden.

[2] Solche Briefe finden sich bei Bouquet IV, für die spätere Zeit vgl. namentlich den *Codex Carolinus* ap. Jaffé IV.

[3] Bouquet IV. 71.

[4] Bouquet IV 73. 74. 74. IV 72 findet sich in einem Briefe des Pelagius an Childebert noch hinter der Datierung eine Unterschrift des Papstes: *Pelagius misericordia Dei Ep. Ecclesiae Catholicae urbis Romae exemplari epistolae nostrae subscripsi.* Der Fall ist meines Wissens ganz vereinzelt.

[5] Jaffé IV.

selben ist: Incolumem excellentiam vestram gratia superna custodiat. Von besonderem Interesse ist die Form, in der seit dem Jahre 800 der Papst an Karl den Grofsen schreibt: die salutatio lautet: Domino piissimo et serenissimo, victori ac triumphatori, filio amatori Dei et Domini nostri Jesu Christi, Karolo augusto Leo episcopus servus servorum Dei. Wir erinnern uns, dafs diese Beiwörter sonst nur dem griechischen Kaiser zu Teil wurden. Wie also Karl dem römischen Stuhle gegenüber in die Stellung des oströmischen Kaisers einrückte, so wurden vom Papst die bisher dem alten Schutzherrn erwiesenen Ehren nun auch auf den neuen übertragen. Auch die neue subscriptio entspricht dem neuen Verhältnis: Piissimum domini imperium gratia superna custodiat, eique omnium gentium colla substernat.[1] In diesen Briefen folgt oft noch auf die subscriptio eine Datierung.[2]

Wie mit dem 9. Jahrhundert die alten Formen in der päpstlichen Kanzlei allmählich aufser Gebrauch kamen, so stellte zuerst Leo IV. (847—855) seinen Namen immer an den Anfang und diesem Beispiel sind alle seine Nachfolger gefolgt. Nicolaus I. (858—867) liefs auch die feierlichen subscriptiones fort und begnügte sich mit einem einfachen Bene vale oder dgl. Die später ziemlich ausschliefslich von den Päpsten gebrauchte Grufsformel: salutem et apostolicam benedictionem ist erst durch Gregor VII. aufgekommen.[3]

Die fränkischen Könige ihrerseits schrieben den Päpsten mit Voranstellung des Adressaten in der salutatio. Karl der Grofse aber stellte wie in allen seinen Briefen, so auch in dem an den Papst gerichteten[4] seinen Namen an die Spitze, während Ludwig der Fromme den Namen des Papstes voranstellte.[5] Diese Form der salutatio blieb seitdem herrschend. Auch die Anrede vos scheint regelmäfsig gewesen zu sein, wie sie sich auch in dem erwähnten Briefe Karls an den Papst findet (neben nos).

---

[1] cf. *Leonis III epistolae* ap. Jaffé IV 307 ff.
[2] In den Briefen der Karolinger schliefsen diese beiden Formen sich gegenseitig aus. Cf. Sickel *Acta Karolinorum* p. 402.
[3] Garnier l. c. p. 288/89.
[4] Er ist aus dem Jahre 796. *Epistolae Karolinae* 10 ap. Jaffé IV 354.
[5] Sickel, *Acta Karolinorum* p. 401/402.

Nach dieser kurzen Übersicht über die älteren Briefformen wenden wir uns zur **Korrespondenz** des deutschen Königs mit auswärtigen Souveränen seit dem Jahre 911. Den gröfsten Raum wird dabei der Briefwechsel des Königs oder **Kaisers** mit dem Papst beanspruchen dürfen.

Briefwechsel mit dem Papst.

Wir kennen die Zähigkeit, mit der gerade die Päpste in der Zeit des an äufseren Formen sich freuenden Mittelalters auf die Beobachtung aller Zeremonien hielten. Wie der Stellvertreter Christi im vollen Glanz seiner apostolischen Würde auftrat, so verlangte er auch die Anerkennung dieser über alle andern erhabenen Würde durch ehrende Zeremonien von jedem, der mit ihm in Berührung trat, vor allem auch von dem höchsten weltlichen Herrscher in der abendländischen Christenheit, dem römischdeutschen Kaiser. Wir haben die ganze Fülle dieser uns so sonderbar anmutenden Formen ins Auge gefafst; wir haben die Demut bewundert, mit der der Kaiser es nicht verschmäht, sich vor dem Bischofe von Rom in den Staub zu werfen und seine Füfse zu küssen. Wohl weigert sich Friedrich I. dem Papste den Stallknechtsdienst zu leisten: aber der päpstliche Anspruch dringt durch, und Friedrich selbst läfst sich herbei, den Zelter, den der Papst nur um dieser Form willen bestiegen hat, am Zügel zu führen und seinem geistlichen Vater den Steigbügel zu halten.

Ein Seitenstück zu diesen Formen des persönlichen Verkehrs liefert der Briefwechsel zwischen den deutschen Königen oder Kaisern und Päpsten. Auch hier Demütigung der höchsten weltlichen unter die höchste geistliche Würde, auch hier scharf fixierte, lange festgehaltene Formen, die gleichsam das Gerippe eines jeden Briefes bilden, in das wie Fleisch und Blut der Inhalt des Briefes belebend hineintritt.

Diese Formen waren Jahrhunderte hindurch von beiden Seiten innegehalten und anerkannt. Friedrich I., welcher in so mancher Beziehung sich eine höhere Stellung und Würde vindizierte, als sie seine Vorgänger gehabt hatten, durchbrach auch die bisher üblichen Briefformen: In den neuen Formen sollte der höhere Rang des Kaisers dem Papste gegenüber verkörpert sein. Papst Hadrian IV. unternahm es dagegen, wie er in andern Punkten den Ansprüchen Friedrichs entgegentrat, so auch bei dieser Neuerung des Kaisers die Beibehaltung der alten Gewohnheiten energisch zu vertreten. Eben in dieser Zeit zeigt es sich wieder, welchen Wert man auf diese einmal hergebrachten Formen legte. Denn eben hieraus entstand einer der bedeutendsten Streitpunkte in dem Konflikt zwischen Friedrich und Hadrian. Wir werden nicht umhin können, diesen Konflikt, soweit er sich um die Briefformen gedreht hat, von Phase zu Phase zu verfolgen; denn dies ist der Zeitpunkt, wo unsre Briefformen eine hohe politische Bedeutung gewonnen haben. Für unsre Darstellung ergeben sich nun naturgemäfs drei Teile: die Briefformen bis 1159, der Konflikt zwischen Friedrich und Hadrian, die späteren Briefformen.

1. Der Briefwechsel bis 1159.

Die ersten uns erhaltenen Briefe eines deutschen Herrschers an den Papst sind die zwei Schreiben[1] Ottos I. (und der römischen Synode) vom Jahre 963, in denen er den der schlimmsten Verbrechen angeklagten Papst Johann XII. vor die römische Synode fordert. In der salutatio setzt Otto des Papstes Namen an die erste Stelle. Sie lautet: Summo pontifici et universali papae domno Johanni Otto divinae respectu clementiae imperator augustus (und die Bischöfe auf der Synode) in Domino salutem. Der Ausdruck divinae respectu clementiae kommt so in Ottos

---

[1] Liudprandi *Hist. Ottonis.* 12. 14. *M. G. Leg.* II. 30.

Urkunden nicht vor. Dort heifst es meistens: divina favente clementia imperator augustus[1] oder ähnlich. Der erste Brief ist in sehr scharfen Ausdrücken abgefafst und Johanns Verbrechen werden ohne Beschönigung erzählt. Auf diesen Teil des Briefes, den wir die narratio nennen könnten, folgt (als petitio) die Aufforderung in Rom zu erscheinen. Diese ist in die ehrerbietige Form gekleidet: Oramus itaque paternitatem vestram obnixe, ne Romam venire atque ex his omnibus vos purgare dissimuletis. Der zweite Brief ist noch schärfer als der erste. An der Antwort[2] des Papstes wird scharfe Kritik geübt. Es zieme sich nicht für einen Bischof so zu schreiben, sondern er führe die Sprache kindischer Thorheit. In beiden Briefen steht nos (was schon wegen der Mehrheit der Absender natürlich ist) und vos. Statt des letzteren auch magnitudo, paternitas vestra, was sich sonderbar ausnimmt, wenn man sich die unwürdige Persönlichkeit des jugendlichen Papstes darunter denkt. Beide Briefe sind mit dem Monatsdatum versehen, aber ohne Angabe von Jahr und Ort. Beim zweiten Brief sind dem Datum die Namen der beiden Kardinäle hinzugefügt, die ihn dem Papst überbrachten.[3]

Zwei Briefe Ottos III. an den Papst sind in der Sammlung von Gerberts Briefen zu finden.[4] Beim ersten ist der Wortlaut der salutatio zweifelhaft, beim zweiten lautet sie: Reverentissimo papae Gerberto Otto gratia Dei Imperator Augustus. Der Papst wird in beiden Briefen vos angeredet, der Kaiser spricht von sich im ersten in der Einzahl, im zweiten im Plural.

Von den nächsten drei deutschen Kaisern sind Briefe an Päpste meines Wissens nicht überliefert. Erst von Heinrich IV. haben wir wieder an den Papst gerichtete Briefe. In diesen wie in den vom Papst ausgehenden Briefen sehen wir die starren Formen

---

[1] *M. G. Dipl.* I ed. Sickel.

[2] Diese Antwort (Liudprand 13) ist an die Bischöfe der Synode gerichtet.

[3] *Missa per Adrianum cardinalem presbiterum et Benedictum cardinalem diaconum.* Liudpr. *Hist. Ott.* 14. Man könnte auch an einen Zusatz Liudprands denken.

[4] ed. Olleris *Oeuvres de Gerbert* p. 143 u. p. 147.

vielfach durchbrochen. Selbst hier spiegelt sich die Leidenschaft des Kampfes wieder. Was die Reihenfolge der Namen in der salutatio betrifft, so ist es zweifellos, dafs Heinrich in Briefen an den Papst seinen Namen stets nachgestellt hat. Wir dürfen das kühnlich behaupten, obgleich in den fünf in Frage kommenden Briefen nur eine einzige derartige salutatio sich findet.

Ein demütiges Schreiben, „welches in der That an Unterwürfigkeit alles überbot, aber freilich nur durch den Drang der Verhältnisse Heinrich abgeprefst war"[1], ist überschrieben: Vigilantissimo et desiderantissimo domno papae Gregorio apostolica dignitate coelitus insignito debiti famulatus fidelissimam exhibitionem. Ein Teil eines Briefes Heinrichs an Gregor ist ohne salutatio überliefert.[2] Es folgen zwei Briefe Heinrichs[3], in denen er Gregor nicht mehr als Papst betrachtet und also auch nicht mehr die einem solchen gegenüber gebräuchlichen Formen innehält. Recht zur Schau getragen ist diese Auffassung in der salutatio des berühmten Absetzungsbriefes: Heinricus non usurpative (usurpatione) sed pia Dei ordinatione rex, Hildebrando iam non apostolico, sed falso monacho. „Heinrich nicht durch Anmafsung sondern durch Gottes heilige Anordnung König an Hildebrand, der nicht mehr Papst ist, sondern nur noch ein betrügerischer Mönch." Dasselbe liegt vor in dem andren Briefe aus derselben Zeit, der überschrieben ist: Heinricus Dei gratia rex Hildebrando. Nur Heinrichs Brief an Paschalis II. von 1105[4] scheint unsrer Behauptung zu widersprechen. Die salutatio lautet: Heinricus imperator Romano pontifici Pascali. Sie fällt schon durch ihre Einfachheit auf. Und es ist guter Grund anzunehmen, dafs die salutatio ursprünglich anders gelautet habe. Die zwei vollständigen Handschriften des Codex Udalrici, von Jaffé Z und V genannt, teilen diesen Brief ohne salutatio mit. Und da die oben angeführte, in der Münchener Handschrift erhaltene, schwerlich

---

[1] Giesebrecht III. 247. cf. Ranke *Weltgesch.* VII. 254. Der Brief, aus dem Jahre 1073 stammend, steht *Registrum Greg.* I. 29a ap. Jaffé II. 46.
[2] *Reg. Gr.* III. 5 ap. Jaffé II. 210.
[3] *M. G. Leg.* II. 46 u. 47. *Bruno de bello Sax.* 66 u. 67.
[4] *Codex Udalrici* 120. ap. Jaffé V. 230. cf. Giesebrecht III. 1187.

authentisch sein kann, so ist hier höchst wahrscheinlich der ohne salutatio überlieferte Brief zum Verständnis des Lesers mit dieser Aufschrift, die vielleicht garnicht einmal als die echte salutatio erscheinen sollte, versehen worden.[1]

Nach alledem unterliegt es kaum mehr einem Zweifel, dafs auch zur Zeit Heinrichs IV., wie dieses vorher und nachher geschehen ist, in der königlichen Kanzlei die allgemeine Regel galt, dafs der Name des Königs in Briefen an den Papst an die zweite Stelle zu setzen sei.

Wir haben nun über die salutatio in Heinrichs IV. Briefen an den Papst überhaupt nicht mehr viel zu sagen, denn es ist uns — auch die erste nicht ausgeschlossen — keine einzige, wenn wir so sagen dürfen, normale salutatio überliefert. Heinrich nennt sich 1073 mit seinem gewöhnlichen Titel Henricus (die regelmäfsigeForm des Namens ist freilich Heinricus) Romanorum Dei gratia rex. Eine salutatio im engeren Sinne ist nur in diesem Briefe; sie ist in dem demütigen Ton des ganzen Briefes gehalten. Hier findet sich auch eine direkte Anrede: domine mi et pater amantissime. Auch im zweiten Brief nennt Heinrich den Papst „pater". Die Redeweise ist im ersten Briefe nos und vos; statt vos kommen auch die Ausdrücke vor: paternitas vestra, apostolica districtio vestra, auctoritas vestra. Im zweiten heifst es ego und vos, statt vos auch sanctitas vestra. In den beiden an „Hildebrand" gerichteten Briefen findet sich abwechselnd ego und nos, aber durchgehends tu, natürlich auch nicht die bekannten Umschreibungen paternitas, sanctitas vestra u. s. w. Auch in dem Briefe an Paschalis II. findet sich durchgängig nos und tu und auch stets das einfache tu. Alle diese Briefe sind undatiert.

Von Heinrich V. haben wir einen Brief an Paschalis II. von 1116.[2] Der Name des Papstes steht an erster Stelle: Domino P(aschali)summo pontifici, Heinrich nennt sich mit seinem gewöhnlichen Titel H(einricus) Dei gratia Romanorum imperator augustus. Der Sachinhalt der salutatio ist: obedientiam

---

[1] Der Fall ist nicht selten; cf. das über die Briefe Leos und Gregors des Grofsen Gesagte p. 76.

[2] Cod. Ud. 174. ap. Jaffé V. 306.

et dilectionem in Christo velut patri filius. In direkter Form ruft Heinrich den Papst an: pater venerande, sich selbst nennt er nos, den Adressaten tu und paternitas tua. Denselben Gebrauch finden wir in dem einzigen uns erhaltenen Briefe Lothars III. an den Papst[1], der ohne salutatio auf uns gekommen ist. Beide Briefe sind undatiert.

Eine gröfsere Anzahl von Briefen an den Papst sind erhalten von Konrad III. und seinem Sohne König Heinrich (VI.)[2] Auch Friedrichs Brief an Eugen III. vom Jahre 1152[3], in dem er dem Papste seine Wahl anzeigt, schliefst sich in der Form an diese Briefe an. Friedrichs Brief ist der letzte an den Papst gerichtete vor Ausbruch des Konflikts mit Hadrian IV.

In Konrads Briefen — und wörtlich übereinstimmend in Friedrichs I. Brief von 1152 — lautet die salutatio durchweg: Dilectissimo in Christo patri suo E(ugenio) sanctae Romanae ecclesiae summo pontifici C(onradus) Dei gratia Romanorum rex et semper augustus filialem (per omnia) dilectionem et debitam in Domino reverentiam.[4] Über die Reihenfolge ist nichts hinzuzufügen. Bemerkenswert ist, dafs sich Konrad in diesen Briefen Dei gratia Rom. rex et semper augustus nennt. Diese unter Friedrich I. zu regelmäfsiger Anwendung kommende Form des Titels findet sich unter Konrad III. in Urkunden oder Briefen meines Wissens noch nicht, mit Ausnahme eben der Briefe an den Papst. An dem Sachinhalt der salutatio fällt die devote Fassung auf. Heinrich nennt sich nur Dei gr. Rom. rex, einmal[5] Heinricus Dei gratia junior Rom. rex, filius magni Cuonradi incliti triumphatoris Rom. regis et semper augusti. Die salutatio lautet im übrigen in Heinrichs Briefen — mit Ausnahme eines

---

[1] *Ep. Bamb.* 29. ap. Jaffé V. 523.

[2] In Wibalds Briefen ap. Jaffé I. p. 111. 112. 120. 144. 169. 190. 313. 336. 350. 355. 358. 362. 371. 452. 469. 479.

[3] ibid. 499. Der Brief ist abgefafst von Wibald und dem Papste überbracht durch Eberhard von Bamberg. An letzteren ist ein Schreiben des ersteren gerichtet, in welchem er sich über die Abfassung ausspricht. ibid. 501.

[4] Damit ist die von Alberich (siehe oben p. 68) sogenannte *salutatio circumscripta* zur Anwendung gelangt.

[5] Jaffé I. 190.

einzigen[1] — ebenso wie in denen Konrads und Friedrichs I., nur dafs sanctae Rom. eccl. vor summo pontifici gewöhnlich[2] wegfällt, wofür sich einmal[3] summo et universali pontifici findet.

Während sich bisher im Gebrauche der Numeri in den Briefen der Kaiser an die Päpste eine feststehende Norm noch nicht ausgebildet hatte, ist das hier der Fall. Konrad III., Heinrich und Friedrich I. (in dem bezeichneten Brief) wenden in den Briefen an den Papst sowohl die erste wie die zweite Person nur in der Mehrzahl an. Doch statt des einfachen vos sind jetzt ehrende Umschreibungen besonders häufig geworden, während eine Umschreibung des nos, wie wir sie später kennen lernen werden, sich noch nicht findet. So bekundet sich, trotzdem in der ersten ebenso ausschliefslich wie in der zweiten Person der Plural gebraucht wird, in diesen Anreden eine gewisse Voranstellung der päpstlichen Würde gegenüber der königlichen, wenn auch nicht in demselben Mafse, wie das in der salutatio der Fall ist. Die grofse Zahl der voneinander verschiedenen Formen der Umschreibung des vos beweist, dafs hier eine bestimmte Regel nicht existierte, sondern dafs Freiheit in der Wahl der Ausdrücke herrschte, wobei freilich einige besonders oft wiederkehren. Die statt des blofsen vos vorkommenden Umschreibungen sind: vestra sanctitas[4], paternitas[5], celsitudo[6], sublimitas[7], beatitudo[8], benignitas[9], excellentia[10], magnitudo[11], sinceritas[12], sanctitatis

---

[1] ib. 120. *Reverendo in Christo patri et domino suo Eugenio summo et universali pontifici Heinricus Dei gratia Romanorum rex debitae dilectionis et obsequii sinceritatem.*

[2] ib. 120. 144. 169.

[3] ib. 120. wo, wie wir sahen, überhaupt eine etwas abweichende salutatio steht.

[4] Jaffé I. p. 111. 112. 120. 144. 169. 191. 336. 350. 358. 362. 469 479. 499.

[5] ib. 111. 120. 144. 191. 313. 355. 371. 479.

[6] ib. 191. 336. 350. 355. 371. 479.

[7] ib. 191. 350. 358. 362. 471.

[8] ib. 313. 350. 362. 469. 499.

[9] ib. 313. 358. 499.

[10] ib. 169. 358.

[11] ib. 313. 362.

[12] ib. 313. 336. 471.

vestrae discretio[1], prudentia vestra[2], discretio[3], mansuetudo[4], celsitudo sacerdotii vestri[5], paternitatis vestrae serenitas[6].

Oft beginnen diese Briefe mit einer allgemeinen Einleitung[7], die hier meistens den Charakter einer captatio benevolentiae hat; von einer festen Form kann aber dabei nicht die Rede sein. In mehreren Fällen wird für einen empfangenen Brief gedankt.[8] Konrad erwähnt in seinen nach dem Kreuzzug geschriebenen Briefen an den Papst fast regelmäfsig seine glückliche Rückkehr. Er denkt mit Schrecken an die überstandenen Gefahren, und sein Dank gegen Gott, der ihn glücklich zurückgeführt, wird fast zu einer stehenden Formel.[9] Der Zweck des Briefes wird oft in die Form einer Bitte gekleidet, die wir mit den Theorien petitio nennen können. Dabei wiederholen sich bestimmte Phrasen. So heifst es in Konrads Briefen gewöhnlich: attente monendo rogamus (invitamus)[10], auch intime rogamus[11], intime rogando monemus[12], attenta benevolentia rogamus[13]. Darauf folgt in mehreren Fällen der Inhalt der Bitte mit den Worten: ut . . . non abnuatis[14]. In Heinrichs Briefen tritt eben bei dieser petitio eine gewisse Gleichmäfsigkeit im Satzbau hervor. So heifst es ein-

---

[1] ib. 120.
[2] ib. 191.
[3] ib. 358
[4] ib. 469.
[5] ib. 452.
[6] ib. 479.
[7] Jaffé I. p. 120. 144. 480. 499.
[8] ib. 111. 144. 313.
[9] ib. 313. 350. 355. 362. 371. In zwei Briefen (350 u. 355) wird der Gedanke auch fast mit denselben Worten ausgedrückt: *Postquam Deo propicio nostram fragilitatem moderante ab expeditione Hierosolimitana reversi fuimus* etc. und: *Deo propicio res nostras moderante et per adversa et prospera vitae nostrae cursum dispensante, post reditum nostrum a Hierosolimitana expeditione. . . .*
[10] ib. 111. 112. 313. 350. 355. 452. 471. 472. 480.
[11] ib. 351. 359. 501.
[12] ib. 358.
[13] ib. 480.
[14] ib. 111. 144. 313. 358. 452.

mal¹: paternitatem vestram pio studio salutamus, orantes ut . . ., ein andres Mal²: Eum itaque ad vestrae sublimitatis praesentiam filiali et affectuosa commendatione prosequimur, orantes intime paternitatem vestram, quatinus etc., ein drittes Mal³: excellentiam vestram filiali sinceritate salutamus, obtantes, ut etc.

Wiederholt wird im Brief der Überbringer desselben genannt.⁴ Es ist stets eine hochgestellte Person, die der König zum Papst schickt (ad eius praesentiam destinat), um ein Schreiben zu überbringen. Mit solcher Mission beauftragt, haben wir uns auch wohl stets denjenigen zu denken, der in einem Briefe dem Papste empfohlen wird⁵, bei dem er, wie es gewöhnlich heißt, demnächst eintreffen werde.

Endlich soll noch erwähnt werden, daß Konrad III. dem Papste einmal den Gruß seines Sohnes Heinrich übermittelt.⁶ Einige Male findet sich auch eine allgemeine Schlußbetrachtung⁷, die wir mit den Briefstellern conclusio nennen dürfen. Keiner von diesen Briefen ist datiert.⁸

Wenn wir uns nun zur Betrachtung der von Päpsten an deutsche Könige oder Kaiser geschriebenen Briefe wenden, so liegt erst vom Ende des 10. Jahrhunderts ein Brief vor, der für die dabei gebräuchlichen Formen Zeugnis geben kann. Silvester II. überschreibt seinen Brief an Otto III.⁹: Silvester ep. s. s. D. dilecto suo Ottoni Caesari semper augusto totius imperii decus et insuper apostolicam benedictionem. Daß der Papst wie in diesem so in früheren

---

[1] Jaffé I. 144.
[2] ib. 191.
[3] ib. 169.
[4] ib. 371. 492. Wir kennen diesen Gebrauch schon aus einem Brief Ottos I. und Heinrichs V.
[5] ib. 472. 480.
[6] ib. 360.
[7] ib. 112. 362.
[8] *St.* 3712. ist eine Urkunde, welche der Briefform nahe steht. Sie hat die folgende salutatio: *Venerabili in Christo patri Adriano Dei gratia apostolice sedis pontifici Fridericus eadem gratia Romanorum imperator Augustus filialem dilectionem et debitam in Christo reverentiam.*
[9] Jaffé-Löwenfeld *Regesta Pontif. Rom.* 3913. Die Papstregesten konnten schon in Löwenfelds neuer Ausgabe benutzt werden.

Briefen seinen Namen an die Spitze gestellt habe, dürfen wir annehmen. Von diesem Brief muſs noch erwähnt werden, daſs der Papst den Kaiser in der Mehrzahl anredet, von sich selbst erst in der Einzahl, dann in der Mehrzahl spricht, und daſs Umschreibungen der persönlichen Fürwörter nicht vorkommen. Der Brief ist mit dem Monatsdatum versehen, aber ohne Angabe von Jahr und Ort.

Es folgt ein Breve Clemens' II., das an Heinrich III. und die burgundischen Groſsen gerichtet ist. Der Form nach steht es in der Mitte zwischen einem gewöhnlichen Brief und einer Urkunde. Wie viele päpstliche Urkunden beginnt es mit dem Labarum, und auch ein Siegel ist vorhanden gewesen (was bei Briefen selten bekannt ist, da ja eine corroboratio, welche in Urkunden auf das Vorhandensein eines Siegels schlieſsen läſst, in den Briefen nicht vorhanden ist). Dagegen fehlt am Schlusse Datierung und Unterfertigung. Die salutatio lautet: C[lemens] ep. s. s. D. H[einrico] dilectissimo filio imperatori Romanorum et regi Burgundionum, episcopis et principibus regionis illius sal. et. ap. b. Daſs der Papst den Kaiser zugleich als König von Burgund bezeichnet, ist nicht als regelmäſsige Form zu betrachten, sondern erklärt sich aus dem Inhalt des Schriftstücks. Schon hier findet sich salutem et apostolicam benedictionem, was unter Gregor VII. regelmäſsig auftritt. Von sich sagt der Papst vorzugsweise ego, aber auch nos, die zweite Person wird natürlich in der Mehrheit gebraucht, da eine Mehrheit von Adressaten angeredet wird.[1]

Hieran würde sich schlieſsen ein Brief Clemens' II. an Heinrich III.[2], den der erstere geschrieben, als er seinen Tod herannahen fühlte. Diesen Brief hat Löwenfeld für eine bloſse Stilübung erklärt, die von einem Bamberger Kleriker herrühre. Ich bin nicht in der Lage, für oder wider die Echtheit des Briefes Stellung zu nehmen, zumal Löwenfeld die Gründe nicht

---

[1] Jaffé-Löwenfeld 4238., wo es noch Leo IX. zugeschrieben wird Eine bessere Lesart hat C(lemens); veröffentlicht von Pflugk-Harttung im *Neuen Archiv* XI. 590.

[2] Jaffé-Löwenfeld 4152.

angibt, die ihm gegen die Echtheit zu sprechen scheinen, Auch wäre eine spezielle Untersuchung aller einschlägigen Verhältnisse notwendig[1], die mir fernliegt. Der Brief ist in formeller Hinsicht nicht in der gewohnten Weise abgefafst, denn es entsprach doch kaum dem Gebrauche der päpstlichen Kanzlei, dafs der Papst dem Könige gegenüber die Formen ego und tu durchweg anwendet, noch weniger die salutatio, welche lautet: Clemens ep. s. s. D. dilectissimo prius domino inde filio, nunc vero nec filio nec iam domino H[einrico], invictissimo imperatori prepotentissimoque augusto novissimam apostolice sedis salutem. Der ganze Brief ist in leidenschaftlichem Tone gehalten, am Anfang und Schlufs ruft Clemens den Kaiser an: Karissime, Karissime. Dafs in solcher Sprache und in solchen Formen der sterbende Papst an seinen Beschützer, den Kaiser, geschrieben, oder vielmehr einen Brief diktiert hat[2], kann ich mir recht wohl denken; viel unwahrscheinlicher scheint es, dafs dieser Brief mit seiner durchaus individuellen Färbung das Machwerk eines Mannes sei, der sich lediglich im Briefstil üben wollte. In fingierten Briefen[3] werden wir kaum eine solche Freiheit oder Nichtachtung der gewohnten Form finden, denn eben diese zu beherrschen, war ja meist der höchste Ehrgeiz der Verfasser solcher Schriftstücke. Doch eine Entscheidung soll nach keiner Seite hier gegeben werden.

Aus nicht viel späterer Zeit (1055—56) haben wir einen Brief Victors II. an die Kaiserin Agnes.[4] Die salutatio lautet: Victor ep. s. s. D. gloriosae et dilectae filiae A. imperatrici Augustae. Der eigentliche Grufs fehlt. Im Briefe ist die Redeweise ego und tu, statt des letzteren auch tua dignitas, tua excellentia.

---

[1] Namentlich wohl eine Stilvergleichung mit andern Schriftstücken, die aus der Kanzlei Clemens' II. hervorgegangen.

[2] Auf die Frage, ob der Papst seine Briefe gelegentlich auch selbst diktiert habe, werden wir noch zurückkommen.

[3] cf. z. B. die im *Archiv f. Kunde öster. Gesch.* XIV. p. 68 ff. mitgeteilten.

[4] Jaffé-Löwenfeld 4342.

Diese drei Briefe Clemens' II. und Victors II. lassen uns zu dem negativen Resultat gelangen, dafs eine festbestimmte Form damals wohl noch nicht existiert hat. Feststehend war die Reihenfolge der Namen, der Titel des Papstes und wohl die Bezeichnung des Kaisers als dilectissimus filius (die Kaiserin dilecta filia) des Papstes. Alles Übrige ist willkürlich und schwankend.

In den Briefen Gregors VII. an die Kaiserin Agnes, Heinrich IV. und Rudolf, die wir jetzt betrachten, zeigen sich auch die Formalien des Briefes von der Heftigkeit des Kampfes der beiden Gewalten berührt, freilich nicht in dem Mafse, wie wir dies in Heinrichs IV. Briefen kennen gelernt haben. In der salutatio bietet der Papst stets:[1] salutem et apostolicam benedictionem; aber in dem letzten Briefe Gregors an Heinrich[2], in jenem Schreiben voll ernster Ermahnung werden dem Wunsche streng und bedeutungsvoll die Worte hinzugefügt: si tamen apostolicae sedi, ut christianum decet regem, oboedierit. Und daran anknüpfend beginnt Gregor, er sei im Zweifel gewesen, ob er es mit der Pflicht seines vom h. Petrus ihm übertragenen Amtes vereinen könne, Heinrich den apostolischen Segen zu erteilen, da er mit den vom Papst Gebannten Gemeinschaft gepflogen habe. So wird hier die Form teilweise zum Inhalt des Briefes gemacht.

Seinem eigenen Namen fügt Gregor wie schon seine Vorgänger regelmäfsig nur die Bezeichnung hinzu: episcopus servus servorum Dei. Er schreibt der Kaiserin als: Agneti christianissimae imperatrici[3], Heinrich: Heinrico regi[4], Heinrico glorioso regi[5], gloriosissimo regi Heinrico[6], Heinrico glorioso regi et in Christo dilecto filio[7], Henrico regi[8]; Rudolf schlechtweg als Rodulfo regi.[9]

---

[1] Nur in einem Briefe an Rudolf und seine Anhänger heifst es einmal: *Peccatorum absolutionem et apostolicam benedictionem.*
[2] Vom 8. Dez. 1075. cf. Floto II. 71/72. Giesebrecht III. p. 1133 zu p. 346.
[3] Jaffé II. 106.
[4] ib. 142.
[5] ib. 144.
[6] ib. 205.
[7] ib. 212.
[8] ib. 218.
[9] ib. 552/53.

Für den Numerus gibt es noch keine feste Regel. Mehrfach findet sich in einem Briefe nos und ego abwechselnd, ebenso vos und tu. Die ehrwürdige Persönlichkeit der Kaiserin Agnes redet Gregor in einem Briefe vom Jahre 1074 nicht anders als vos an, aber auch er selbst spricht von sich nur in der Mehrzahl. Meistens scheint für die Wahl des Numerus das Bestreben entscheidend gewesen zu sein, denselben dem Tone des ganzen Briefes oder einzelner Partien desselben möglichst anzupassen. So ist in Gregors Brief an Heinrich, der im Tone väterlicher Ermahnung gehalten ist, die zu diesem Tone sehr wohl passende Redeweise nos und tu durchweg angewendet. Ein Brief, der mit dem Vermerk versehen ist: Dictatus papae[1] — dessen Sinn, wenn ich nicht irre, der ist, dafs der Wortlaut auf Gregor selbst zurückgeht, sei es nun, dafs er den Brief selbst geschrieben, sei es, dafs er ihn diktiert hat — dieser Brief weist seinem vertraulichen Charakter entsprechend nur die Fürwörter ego und tu auf. In den übrigen Briefen bemerkt man einen bunten Wechsel der Numeri der ersten und zweiten Person, und man würde zu weit gehen, wenn man in jedem einzelnen Fall einen ganz bestimmten Grund dafür annehmen wollte, wenn auch freilich recht oft der Übergang vom einen zum andren Numerus in dem veränderten Ton seine Erklärung findet.[2] Es kommen auch ehrende Umschreibungen von tu und vos vor. Der Kaiserin werden die Beiwörter: vestra eminentia, gloria, beatitudo, prosperitas, selbst sanctitas vestra zu Teil[3], Heinrich wird genannt: sublimitatis tuae dignatio[4], tua magnitudo[5], tua prudentia[6], tua celsitudo[7], tua sublimitas[8], tua excellentia[9]. In den beiden Briefen

---

[1] ap. Jaffé II. 144. Der Vermerk dictatus papae findet sich aufser dem noch ibid. p. 150. 156. 174. Es ist also nicht der Titel eines einzelnen Schriftstückes, wie Delbrück *Hist. u. pol. Aufsätze*, p. 41 annimmt.

[2] cf. z. B. den Brief ap. Jaffé II. 142.

[3] ib. 106.

[4] ib. 142.

[5] ib. 144. 212.

[6] ib. 144.

[7] ib. 205. 218.

[8] ib. 205. 212.

[9] ib. 218.

an Rudolf finden sich die Umschreibungen wohl aus dem Grunde nicht, weil die Briefe nicht an Rudolf allein, sondern zugleich an seine Anhänger gerichtet sind. Heinrich wird einige Male in direkter Weise apostrophiert: fili karissime[1] oder fili excellentissime[2]. Gregors Brief an Agnes beginnt mit einer Einleitung, die man als benevolentiae captatio bezeichnen könnte[3]. In noch höherem Maße gilt das von einem Briefe Gregors, der mit dem Wunsche beginnt, daß doch Heinrich von des Papstes Liebe zu ihm überzeugt sein möge. Denn es sei nicht allein die allgemeine christliche Liebe, mit der er ihn umfasse, es sei auch die kaiserliche Majestät, die er in ihm lieben müsse[4].

Eine für Heinrich schmeichelhafte Wendung findet sich auch am Anfange eines andren Briefes[5]. In zwei Briefen[6] findet sich fast gleichlautend am Schlusse ein frommer Wunsch des Papstes für den König. Omnipotens Deus, a quo cuncta bona procedunt, meritis et auctoritate beatorum apostolorum Petri et Pauli a cunctis peccatis te absolvat et per viam mandatorum suorum incedere faciat atque ad vitam aeternam perducat. Und ganz ähnlich ist der Wortlaut im zweiten Falle. Man könnte hier von einer conclusio sprechen. Die meisten dieser Briefe Gregors sind mit dem Datum von Ort, Monat, Tag und Indiction versehen. Nach Pflugk-Harttung (Neues Archiv VIII. p. 235) ist aber diese Datierung in den Originalen nicht vorhanden gewesen, sondern erst in der Registerabschrift hinzugefügt worden. Datierung in Papstbriefen wird erst unter Paschalis II. und Calixt II. zur Regel.

Von den beiden nächsten Nachfolgern Gregors sind Briefe an deutsche Könige nicht erhalten. Dagegen haben wir von Paschalis II. (1099—1118) noch Briefe[7], die derselbe an Heinrich V. geschrieben. Die salutatio lautet gewöhnlich: Paschalis

---

[1] ib. 142. 144. 205.
[2] ib. 142. 205.
[3] ib. 106.
[4] ib. 144.
[5] ib. 205.
[6] ib. p. 144. 212.
[7] Jaffé V. 272. 276 sind Urkunden, die in die Form von Briefen gekleidet sind. Sie bleiben für uns außer Betracht.

ep. s. s. D. dilecto in Christo filio H[enrico] Romanorum imperatori augusto sal. et ap. ben. Einmal heifst es statt dessen dilectissimo filio suo[1], einmal[2] ist dilecto weggelassen. Damit ist die von Alberich von Monte Cassino[3] als salutatio circumscripta bezeichnete Form der Aufschrift zur Anwendung gelangt. Sie bleibt in der folgenden Zeit die Regel. Paschalis spricht in diesen Briefen von sich selbst nur in der Mehrzahl, den Kaiser redet er zuweilen mit vos, zuweilen mit tu an. Auch die Umschreibungen der zweiten Person, die wir schon kennen, finden sich: vestra (tua) dilectio[4], excellentia[5], serenitas[6], magnificentia[7], sublimitas[8]. Da die meisten dieser Briefe eine Bitte enthalten und dieser in der Regel die Darlegung irgend eines Thatbestandes vorausgeht, so kann man vielleicht, wie die Theorien es verlangen, von narratio und petitio sprechen. Die letztere wird eingeleitet durch Wendungen wie: Dilectionem itaque vestram litteris praesentibus rogamus et commonemus[9], rogamus igitur dilectionem vestram[10], monemus igitur dilectionem vestram et monentes rogamus[11]. Mehrfach findet sich am Schlusse der Briefe eine allgemein gehaltene Ermahnung zur Frömmigkeit[12] oder ein frommer Wunsch.[13] Nur drei dieser Briefe sind datiert.[14] An Heinrich V. ist auch ein uns erhaltener Brief seines Gegenpapstes Gregor VIII. (Burdinus) aus dem Jahre 1120 gerichtet.[15] Die salutatio lautet: G[regorius] ep. s. s. D. dilectissimo filio H[einrico] Romanorum

---

[1] Jaffé V. 279.
[2] ib. 282.
[3] siehe oben p. 68.
[4] Jaffé V. p. 279. 281. 282. (151. 156. 157.) 283.
[5] ib. 281.
[6] ib. 281.
[7] ib. 282. (157).
[8] ib. 283.
[9] ib. 279.
[10] ib. 282. (155).
[11] ib. 282. (157).
[12] ib. 281. 283. 290.
[13] ib. 279. [14] ib. 281. 283. 290.
[15] Jaffé-Löwenfeld 7180. Vgl. Scheffer-Boichorst in d. *Mitteilungen des Instituts f. öster. Gesch.* VIII. 414, dem die Echtheit nicht völlig gesichert erscheint.

imp. semp. aug. sal. et ap. ben. Die Redeweise ist nos und vos, statt des letzteren auch: vestri magnificentia imperii, vestri dignitas imperii, vestra serenitas. Heinrich wird apostrophiert: serenissime fili, clementissime fili.

Es folgen zwei Briefe Calixts II. an Heinrich V.[1] Der erste vom 19. Februar 1122 ist zu einer Zeit verfaſst, als Heinrich noch im Banne war, und die dem Könige gegenüber gebräuchlichen Formen sind dem entsprechend verändert. Vor allem ist der Gruſs in der Aufschrift ganz fortgelassen.[2] Dieselbe lautet: Calixtus ep. s. s. D. consangnineo suo H[enrico] regi. Da der Sinn des Papstes versöhnlich ist, so spricht er am Anfang des Briefes sein Bedauern aus, daſs er nicht, dem Wunsche des Herzens folgend, Heinrich den apostolischen Gruſs bieten dürfe. Um wenigstens seine versöhnliche Gesinnung auch in den Formalien auszudrücken, nennt der Papst den Kaiser seinen consanguineus[3], wie er auch weiterhin auf diese Blutsverwandtschaft Bezug nehmend sagt, daſs schon um ihrer willen sie nicht Feinde sein dürften. Zu dem ernsten, mahnenden Ton des Briefes paſst recht gut der Gebrauch von nos und tu. Der zweite Brief ist nach Abschluſs des Wormser Konkordats und Heinrichs Absolvierung geschrieben. Die salutatio lautet: Calixtus ep. s. s. D. carissimo in Chr. filio Henrico glorioso Romanorum imperatori augusto sal. et ap. ben. Der ganze Brief strömt über von Ausdrücken der Liebe und Freundschaft. Fili karissime ruft der Papst den Kaiser an. Die Redeweise ist wieder nos und tu, statt tu findet sich einmal: imperialis excellentia tua. Zum Schlusse spricht der Papst in seinem und der ganzen römischen Kirche Namen einen frommen Wunsch für den Kaiser aus: eine feierliche conclusio. Beide Briefe sind mit dem Datum von

---

[1] Watterich II. 146. 150.

[2] Man sieht hier wieder, wie die Theorien der Briefsteller der Praxis so oft widersprechen. In der sächsischen *summa prosarum dictaminis* (Rockinger p. 213) heiſst es, der Papst schreibe an alle Personen ohne Unterschied: *salutem et apostolicam benedictionem*, nur an Excommunicierte schreibe er: *spiritum consilii sanioris*. Ähnlich nur allgemeiner bei Ludolf (Rock. 366).

[3] cf. über diese Verwandtschaft Giesebrecht III. p. 907.

Monat und Tag versehen, im ersten finden sich dazu die rätselhaften Worte Leguntii episcopi, die, wie mir scheint, mifsverständlich für eine Ortsangabe gehalten werden.[1]

Wenn wir uns zur Regierung Lothars wenden, so finden wir an ihn gerichtet vier Briefe Innocenz' II:, drei des Gegenpapstes Anaclet II.[2] Der erste Brief Innocenz' II. kommt eigentlich nicht in Betracht, weil er am 18. Februar 1130 geschrieben ist, d. h. zu einer Zeit, als die Papstweihe noch nicht erfolgt war. Innocenz schreibt darum noch nicht wie ein Papst an den Kaiser, sondern als der, welcher er augenblicklich ist: Gregorius quondam sancti Angeli cardinalis diaconus, nunc autem Deo disponente in pontificem Romanum electus. Auch die Bezeichnung des Kaisers ist in ihrer Länge ungewöhnlich, wenn es heifst: Lothario illustri et glorioso regi et sanctae ecclesiae catholicae defensori ac speciali filio. Der Grufs lautet schon: salutem et apostolicam benedictionem. Dieser Fall zeigt, dafs die im brieflichen Verkehr des Papstes und des deutschen Kaisers üblichen Formen erst in Kraft traten, wenn die Weihe zum Papst erfolgt war. Nur noch ein Brief[3] Innocenz' II. an Lothar hat eine salutatatio; sie lautet: Innocentius ep. s. s. D. dilecto filio L[othario] illustri et glorioso Romanorum regi sal. et ap. ben. Die ein andres Mal[4] sich findende Aufschrift: Innocentius papa II. Lothario imperatori augusto et Riget imperatrici ist offenbar nicht ursprünglich. Hinsichtlich des Numerus ist der Gebrauch noch nicht feststehend. Freilich sind nos und tu vorwiegend, aber dem Tone des Briefes entsprechend finden sich mehrfach Abweichungen. Auch einige der üblichen Umschreibungen kommen vor: prudentia tua[5], excellentia[6], excellentia nobilitatis tuae[7]. Es finden sich auch captatio benevolentiae[8], Empfeh-

---

[1] cf. Giesebrecht III. p. 1223. N.
[2] Jaffé-Löwenfeld 8379, ist wohl nicht an Lothar gerichtet. cf. Giesebrecht IV. 429.
[3] Jaffé V. 427.
[4] Mansi *conciliorum collectio*. XXI. 392.
[5] Jaffé V. 419.
[6] ib. 427.
[7] ib. 427.
[8] ib. 427. 522.

lung der päpstlichen Gesandten[1], einmal ein Grufs für Richenza, die Gemahlin Lothars.[2] Diese Briefe sind sämtlich datiert. Die Schreiben des Gegenpapstes Anaclets II. an Lothar und an Richenza halten sich ebenfalls an die üblichen Formen. Innocenz wie Anaclet, jeder geriert sich als der einzige rechtmäfsige Papst und sucht den deutschen König für sich zu gewinnen. Anaclets Brief vom 24. Februar 1130 hat die salutatio: Anacletus ep. s. s. D. karissimo in Christo filio L[othario] glorioso Rom. regi necnon speciali beati Petri filiae R[ichenzae] reginae sal. et ap. ben. Bei den. zwei Briefen vom 15. Mai an Lothar und Richenza ist die salutatio nicht erhalten. Die Numeri wechseln. Von Umschreibungen finden sich: tua oder vestra excellentia[3], serenitas[4], clementia[5], experientia[6], nobilis prudentia[7], beatitudo[8]. Die zwei Briefe vom 15. Mai 1130 haben einen Schlufswunsch. Alle drei Briefe sind datiert.

Von Eugen III. haben wir noch sieben Briefe[9], die an Konrad III., zwei, die er an Konrads Sohn Heinrich[10], einen, den er an Friedrich I.[11] geschrieben. Mit diesen gemeinsam betrachten wir die beiden ersten Briefe Hadrians IV. an Friedrich I.[12]

Die salutatio ist in diesen Briefen ziemlich übereinstimmend. Ein Brief Eugens[13], der die Aufschrift trägt: Domnus papa E[ugenius] Romanorum regi C[onrado] hat offenbar ursprünglich eine andre salutatio gehabt, die vermutlich nicht überliefert war und dann in der Wibaldschen Sammlung durch die nun vorlie-

---

[1] ib. 427.
[2] ib. 427.
[3] ib. 422.
[4] ib. 422. Baronius 1130. 19.
[5] ib.
[6] ib.
[7] Bar. 19. 22.
[8] Bar. 22.
[9] Migne 180. p. 1175. Jaffé I. 304. 315. 323. 399. Meichelbeck Hist. Fris. I. I. 370. Jaffé I. 483.
[10] Jaffé I. 121 154.
[11] ib. 513.
[12] Ragewin III. 9. 22.
[13] Jaffé I. 483.

gende ersetzt ist. In einem Briefe Eugens an Konrad[1] und im zweiten Hadrians ist ebenfalls die salutatio nicht erhalten. In den übrigen Briefen nennt sich der Papst regelmäfsig: N. ep. s. s. D., der Wunsch lautet ebenso regelmäfsig: sal. et ap. ben. Eugen schreibt an Konrad und Friedrich: Karissimo in Christo filio Conrado (Friderico) illustri et glorioso Rom. regi, an Heinrich schreibt Eugen: filio in Christo dilecto Henrico (Heinrico) iuniori Rom. regi, regis illustris Conradi filio[2], das andre Mal[3] lautet der Zusatz auffälliger Weise: illustris imperatoris Conradi filio. Der Papst selbst nennt Konrad Kaiser, obgleich er diese Würde nie erlangt hat. Ganz vereinzelt finden sich noch die direkten Anrufungen: Karissime fili[4], fili in Christo karissime[5], gloriosissime fili[6], dilecte in Domino fili[7]. In bezug auf den Numerus finden wir jetzt, ebenso wie in den Briefen Konrads und Heinrichs an Eugen, einen regelmäfsig befolgten Gebrauch. Wenn aber die Könige die erste und zweite Person in der Mehrzahl gebrauchen, so kennzeichnet der Papst seinerseits seinen höheren Rang, indem er im pluralis majestaticus spricht, den Adressaten aber mit tu anredet. Doch statt des einfachen tu ist, wie in Konrads Briefen eine grofse Zahl von ehrenden Umschreibungen im Gebrauch. Es sind: tua nobilitas[8], dilectio[9], discretio[10], serenitas[11], excellentia[12], benignitas[13], prudentia[14], magnitudo[15], magnitu-

---

[1] Meichelbeck I. I. 370
[2] Jaffé I. 121.
[3] ib. 154.
[4] ib. 483.
   Rag. III. 22.
[6] Rag. III. 9
[7] Meichelbeck l. c.
[8] Migne l. c. Jaffé I. 304. 513.
[9] Migne l. c. Jaffé 323.
[10] Jaffé I. 304.
[11] ib. 304. 399. 483. 513. Rag. III. 9.
[12] Jaffé I. 304. 315. 323. 329. Rag. III. 9. 22.
[13] Jaffé I. 315. 323.
[14] ib. 323.
[15] ib. 323.

dinis tuae discretio[1], majestas[2], tuae nobilitatis industria[3], magnificentia[4], tua regia dignitas[5], imperatoria majestas[6], tua serenissima celsitudo[7], tua strenuitas[8]. In den zwei Briefen an Heinrich finden sich freilich diese Umschreibungen nicht.

Oft findet sich in diesen Briefen eine allgemeine Einleitung[9], welche meistens den Charakter einer captatio benevolentiae hat. Einige Male könnte man auch von einer conclusio reden[10], ebenso von einer petitio[11]. Im Eingange der Briefe ist oft auf Boten oder Briefe des andren hingewiesen, welche der Papst freundlich aufgenommen habe (debita benignitate suscepimus oder ähnlich).[12] Im Verlaufe des Briefes folgt dann mehrfach von Seiten des Papstes eine auf den oder die Überbringer des Briefes bezügliche Andeutung, der Papst habe diesen oder jenen an den König zu senden für passend befunden.[13]

In zwei Briefen an Konrad bittet ihn der Papst, dem jungen Heinrich seinen Grufs zu entbieten.[14] Die meisten Briefe sind datiert.[15]

Eine gewisse Ähnlichkeit zwischen den Formen dieser Briefe und der in derselben Zeit vom König an den Papst geschriebenen ist zu bemerken.

---

[1] Jaffé I. 323.
[2] ib. 323. 399.
[3] ib. 399.
[4] ib. 483. Rag. III. 22.
[5] ib. 513.
[6] Rag. III. 9.
[7] Rag. III. 9. 22.
[8] Meichelbeck l. c.
[9] Jaffé I. 154. 304. 323. 483. Meichelb. l. c. Rag. III. 22.
[10] Jaffé I. 154. 513.
[11] *monemus et exhortamur in Domino* oder ähnlich. Jaffé I. 304. 513. Rag. III. 22.
[12] Migne l. c. Jaffé I. 121. 154. 315. 483. 513.
[13] *N. ad N. duximus destinandum.* Jaffé I. 154. 304. Rag. III. 9. 22.
[14] Jaffé I. 315. 323.
[15] Migne l. c. Jaffé I. 154. 304. 315. 323. 483. 513.

2. Der Konflikt zwischen Friedrich I. und Hadrian IV.

Nachdem wir soweit die Formen des brieflichen Verkehrs zwischen Kaiser und Papst kennen gelernt haben, soll uns jener berühmte Konflikt zwischen Friedrich I. und Hadrian IV. beschäftigen, soweit er sich nämlich auf die Briefformen bezog.

Für denjenigen, der aus der Untersuchung einer Reihe von Einzelfällen eine Regel zu gewinnen sucht — gleichwie der Naturforscher aus der grofsen Zahl der Erscheinungen das sie beherrschende Gesetz erkennt — für den ist es von besonderem und eigenartigem Interesse, wenn es sich trifft, dafs diejenigen Personen, welche die Regel befolgen, die er so mühsam zu erkennen sucht, sich selbst über diese Regel äufsern und sie zum Gegenstande von Erörterungen machen. Wenn schon das allein ein Grund für uns wäre, den Etikettenstreit von 1159 eingehend zu behandeln, so kommt dazu die hohe politische Bedeutung dieses Streites und die verschiedenen Auffassungen der einzelnen Punkte in modernen Darstellungen. Auch in diesen Streitfragen müssen wir Stellung nehmen.

Die Hauptquelle für diese Vorgänge sind einige Kapitel bei Ragewin[1], deren Inhalt wir zunächst kurz angeben wollen.

IV. 18. Papst Hadrian, über Friedrichs und seiner Anhänger Verhalten erbittert, sendet durch einen schlechten Boten an den Kaiser einen in scharfen Ausdrücken gehaltenen Brief. Friedrich schickt zweimal zu Hadrian, um die Bestätigung des Guido von Blandrate als Erzbischof von Ravenna zu erbitten, beide Male vergebens.

IV. 19. Ein Brief des Kaisers an den Papst, in dem er diese Bitte vorträgt. Der Name des Kaisers steht in der salutatio wider die Regel an erster Stelle (Fridericus Dei gratia Rom. imp. et semp. aug. Adriano Romanae eccl. venerabili pontifici);

---

[1] Ich citiere nach der neuen Kapiteleinteilung in der Ausgabe von Waitz.

sonst ist die Form gewahrt, nos und vos angewendet, statt vos auch vestra paternitas, discretio. Im Schlufssatz stellt Friedrich seine Würde neben die des Papstes: Proinde altiori consideratione vestra perpendeat discretio, quod in hac causa tam vestrae quam nostrae majestati et honestati conveniat.

IV. 20. Die abschlägige Antwort des Papstes. Die Formen sind gewahrt. Die salutatio lautet: Adrianus ep. s. s. D. karissimo in Christo filio Friderico illustri Rom. imp. sal. et ap. ben. Redeweise nos und tu, statt tu auch excellentia tua, serenitas tua, imperatoria majestas.

IV. 21. Friedrich befiehlt, um seinem Zorne genug zu thun, da die Gelegenheit gegeben war, seinem Notar, in Briefen an den Papst fortan des Kaisers Namen voranzustellen und den Papst in der Einzahl anzureden (also nos und tu). Das sei alte Sitte und nur neuerdings aus gewissen persönlichen Rücksichten geändert worden. Der Kaiser sagte, entweder solle der Papst die Gewohnheit seiner Vorgänger bei der Abfassung von Briefen an den Kaiser befolgen oder er selbst müsse in seinen Briefen den Brauch der alten Kaiser beobachten. Darob entbrennt der Streit noch stärker. Es sollen selbst päpstliche Briefe aufgegriffen sein, in denen die oberitalischen Städte zum Abfall gereizt werden. Zur Erläuterung dieser Dinge will Ragewin im Folgenden weitere Briefe mitteilen.

IV. 22. Brief des Kardinals Heinrich an Eberhard von Bamberg. Der Adressat möge seinen Einflufs beim Kaiser zur Aufrechterhaltung des Friedens verwenden. Man sei in Rom besonders bestürzt über den Brief des Kaisers, von dem es heifst: Nunc autem ex litteris, quas celsitudini suae post reditum meum domino meo placuit destinare, quae videlicet nec stilum nec antiquam consuetudinem imperialium litterarum obtinebant, timemus multum, ne sit in diversa mutatus, et alia modo sibi sit facies sensusque diversus. Ob damit der in c. 19 gegebene Brief oder ein andrer gemeint ist, bleibt zweifelhaft. Es folgt Eberhards Antwort an Heinrich. Die Änderung sei auf Grund der Durchforschung alter Schriftstücke erfolgt. Veranlassung sei gewesen, dafs der Papst einen Brief an den Kaiser durch einen schlechten Boten habe überbringen lassen, der sich sofort wieder aus dem

Staube gemacht habe. Man werde aber zur gewohnten Schreibart zurückkehren. Dieser Brief wird uns noch spezieller beschäftigen. — Im selben Kapitel findet sich noch ein Brief Eberhards an den Papst selbst. Von den Briefformen ist darin nicht direkt gesprochen, Eberhard mahnt allgemein zum Frieden.

Es ist von vornherein auffällig, daſs erst c. 21 Friedrichs Befehl an die Kanzlei erzählt ist, in dem wir den Befehl seinem wichtigeren Teile nach (in der Reihenfolge der Namen in der salutatio), aber doch eben nur zum Teil schon befolgt sehen. Wir wissen, daſs Ragewin die Aktenstücke meist erst nach Abfassung des Werkes erhalten und sie dann an den passendsten, meist schon vorher bestimmten Stellen eingeschoben hat. G. Jordan[1] meint, die Briefe c. 19. 20 seien, mit den vorhergehenden Worten von Iam antea an, dem bereits fertigen Text von Ragewin nachträglich hinzugefügt worden. Während der Arbeit und als die Darstellung bereits über die Zeit, in welche die Briefe gehören, hinausgeführt war, seien ihm diese wie andres Aktenmaterial zugegangen. So sei es ihm auch passiert, daſs er den Brief des Kaisers früher bringe, als die Erzählung von dem an die Kanzlei ergangenen Befehl. Gegen die Annahme, daſs ihm das Material während der Arbeit zugegangen sei, hat sich schon Simonsfeld[2] ausgesprochen, und auch wir werden ihr nicht folgen. Die neuerdings erfolgte genauere Vergleichung der Handschriften hat gezeigt, daſs in der ältesten Handschriftengruppe A die Verwirrungen, welche Jordan durch Einschiebungen während der Arbeit erklären will, garnicht vorhanden waren. Waitz[3] hat nun zwei Hauptgruppen von Handschriften unterschieden. Die erste bilden die auf dieselbe Vorlage zurückgehenden Handschriften A. Die Vorlage von A wurde nach Waitz von Ragewin mit Zusätzen vermehrt und umgearbeitet, diese neue Redaktion wurde die Vorlage von B und C, welche einander sehr

---

[1] Ragewins *Gesta Frid. imp.* Straſsburg 1881. p. 76—79.
[2] in den, dem Andenken von G. Waitz gewidmeten *historischen Aufsätzen* p. 204 ff.
[3] *S. B. der Berl. Akad.* 1884 p. 331. ff. und die Vorrede zur neuen Ausgabe in den *M. G.* (Schulausgabe von 1884).

nahe stehen. Dafs aber in dieser Theorie die Entstehungsgeschichte der Handschriften sich nicht erschöpfe, beweist die Existenz der neuerdings von Simonsfeld untersuchten Handschrift S, welche zwischen A einerseits, B und C anderseits eine eigentümliche Mittelstellung einnimmt, indem sie bald dieser bald jener Handschriftengruppe folgt. S hat in vielen Fällen die Lesarten von A, weist aber anderseits auch die in B und C hinzugefügten Aktenstücke, freilich noch nicht sämtlich, auf. Dafs S keiner von den drei Klassen zuzuweisen sei, vielmehr eine Klasse für sich bilde, ist klar. Simonsfeld[1] will trotzdem die Theorie von Waitz keineswegs umstofsen, sondern sich S entstanden denken durch gleichzeitige Benutzung mehrerer Redaktionen. Mir scheint die Vermutung nahe zu liegen, dafs S oder seine Vorlage wie in seinem Verhalten in den einzelnen Fällen so auch in der Entstehungsgeschichte der Handschriften eine Mittelstellung zwischen A einerseits, B und C anderseits gehabt hat, dafs jedenfalls noch eines oder mehrere solcher Mittelglieder zwischen den beiden Hauptgruppen vorhanden gewesen seien. Wie dem auch sei[2] — es ist nicht unsre Aufgabe, hier die so verwickelte Handschriftenfrage zu lösen — für uns kommt hier die Thatsache in Betracht, dafs die Einreihung der Aktenstücke meist in A noch nicht geschehen ist und wir Gelegenheit haben zu beobachten, wo und wie diese Einreihung in B und C, die sich dabei gewöhnlich übereinstimmend verhalten, erfolgt ist. Im vorliegenden Falle liegt die Sache folgendermafsen: Die Briefe in c. 19 und 20 mit dem in c. 18 vorhergebenden Satz: Quod — inveniuntur fehlen in A. Der Satz „Quod — inveniuntur" findet sich aber in A in c. 21 hinter „hortarentur". Der Satz „Huius — sunt" mit den drei folgenden Briefen fehlt in A ganz. Nun ist der schon hervorgehobene Widerspruch entstanden, dafs in c. 19 der Kaiser in der salutatio seines Briefes an den Papst — wir müssen sagen: ganz unerhörter Weise — seinen Namen voranstellt, während uns erst c. 21 erzählt wird, er habe diese Änderung im Briefstil seinem Notar anbefohlen. Hat also vorher der Notar etwa

---

[1] l. c.
[2] Man könnte S auch für eine ältere Recension halten, von der sowohl A wie B und C abstammen.

eigenmächtig gehandelt? Gewifs nicht. Ich glaube, dafs diese beiden Briefe falsch eingereiht sind; meine Vermutung geht dahin: Die beiden Briefe des Kaisers und des Papstes gehören mit dem Satze: „Quod si quis — inveniuntur" ans Ende von c. 21 hinter „hortarentur." Auf „effectu caruit" in c. 18 folgt wie in A: „Princeps ergo etc." Und „Quod — inveniuntur" mit den zwei Briefen schliefst sich an die Erzählung von c. 18 und 21 (die also bei unsrer Annahme ein Ganzes bilden). Die Entstehung der verschiedenen Lesarten denke ich mir etwa wie folgt:

1. In der ersten Redaktion, welche wohl in A vorliegt, folgte auf „caruit" in c. 18 sofort c. 21 mit „Princeps ergo etc." Ragewin wufste von dem an die Kanzlei ergangenen Befehl und, dafs derselbe um diese Zeit falle. Auf „hortarentur" am Schlufs von c. 21 folgte „Quod — inveniuntur". Hier sollten sich einige auf das Vorangegangene bezügliche Briefe anschliefsen, deren genauen Inhalt Ragewin damals vielleicht selbst noch nicht kannte.

2. Wir haben eine zweite Redaktion anzunehmen, bei der hinter „inveniuntur" am Schlusse von c. 21 die Briefe des Kaisers und Papstes folgten, wie es in der ersten Redaktion in Aussicht genommen war. Nicht unwahrscheinlich folgten nun auf die Briefe des Kaisers und Papstes sofort die drei andern in c. 22.

3. Bei der Vornahme der dritten Redaktion (der Vorlage von B und C) bedachte Ragewin (oder wer sie sonst vornahm), dafs die Briefe des Kaisers und Papstes, als nur auf die Angelegenheit Guidos bezüglich, auch besser sofort nach der Erzählung dieser mitgeteilt würden. Den dabei nun augenscheinlich werdenden Widerspruch hat er nicht bemerkt oder nicht beachtet. Mit dem vorhergehenden Satz: „Quod — inveniuntur" versetzte er sie also hinter c. 18. Mit den drei übrigen Briefen liefs sich dieselbe Verschiebung nicht vornehmen, da sie nicht ohne den Befehl an die Kanzlei verständlich sind, dessen Erzählung also vorhergehen mufste. An den Schlufs des c. 21 setzte man nun einen neuen die Mitteilung der andern Briefe einleitenden Satz: „Huius — missae sunt." So denke ich mir die Entstehung der nun in den Handschriften B und C — und S hat ebenso — vorliegenden Lesart. Festhalten möchte ich vor allem an der Ansicht, dafs die Briefe des Kaisers und Papstes

in einer früheren Redaktion thatsächlich einmal nach c. 21 gefolgt sind, was daraus hervorgeht, daſs in A der Satz „Quod si quis — inveniuntur" noch an dieser Stelle steht.[1]

Die Verwirrung und die Widersprüche in Ragewins Darstellung sind nun durch diese unsre Annahme nur erst zum kleinsten Teil beseitigt. Es entsteht weiter die Aufgabe, die einzelnen Briefe und Botschaften, welche Ragewin mitteilt und erwähnt, in chronologische Ordnung und sachlichen Zusammenhang zu bringen. Daſs freilich ein durchaus sicheres Resultat sich in dieser Frage wohl nicht erzielen läſst, geht schon daraus hervor, daſs von den vielen neueren Darstellern, die sich daran versucht haben[2], nicht zwei zu derselben Lösung gekommen sind. Mehr als eine Hypothese zu geben ist nicht möglich und daſs die unsrige mehr Beachtung verdiene als die schon vorhandenen, wage ich nicht zu behaupten. Doch auch wir können uns dieser Aufgabe nicht ganz entziehen, denn nur so kann es gelingen, den Zeitpunkt zu bestimmen, an welchem jener kaiserliche Befehl an die Kanzlei ergangen, die Umstände, unter denen es dahin gekommen ist.

Was zunächst die Briefe des Kaisers und des Papstes in c. 19 und 20 betrifft, so ist es klar, daſs in dem zweiten die Antwort auf den ersten zu erblicken ist. Friedrichs Brief ist früher allgemein für den von Hermann von Verden überbrachten gehalten worden. Gegen diese Annahme hat sich namentlich P. Wagner[3] gewendet, und wir werden ihm in der Annahme folgen, daſs der besagte Brief nicht der zweite, sondern der erste, vom Bischof Uguccio von Vercelli dem Papst überbrachte, ist. Dafür spricht namentlich der Umstand, daſs weder in Friedrichs Brief noch in Hadrians Antwort sich eine Andeutung findet,

---

[1] Wenn Simonsfeld p. 221 meint, c. 19 u. 20 seien schon in A auf 21 gefolgt, so scheint er die auf die Handschriften bezüglichen Andeutungen von Waitz mifsverstanden zu haben. Jedenfalls mufs es ihm natürlich erschienen sein, daſs die Reihenfolge der Kapitel einmal diese gewesen ist.

[2] Namentlich Reuter, Raumer, Prutz, P. Wagner, Giesebrecht Ribbeck. Vgl. die Zusammenstellung bei Ribbeck, *Friedrich I. und die römische Kurie 1157—1159*. p. 77.

[3] *Eberhard II. von Bamberg*. Halle 1876. Excurs III.

dafs über die Sache schon ein Briefwechsel stattgefunden habe, was in dem durch Hermann besorgten Brief zu erwarten wäre, der in id ipsum zum Papst geschickt wurde. Es kann auch wohl kein Zweifel darüber sein, dafs der indignus et vilis nuntius, von dem Ragewin c. 18 erzählt, er habe einen Brief des Papstes zum Kaiser gebracht und sei vor der Verlesung verschwunden, kein andrer ist als der in Eberhards Brief an den Kardinal Heinrich erwähnte pannosus, der dem Kaiser das päpstliche Schreiben aufdrängt und sich nicht wieder blicken läfst.

Inbezug auf die Reihenfolge der Ereignisse ergibt sich nun aus der Erzählung in c. 18 mit einiger Sicherheit, dafs die Sendung des Bischofs von Vercelli und die Antwort des Papstes früher fällt als die Ankunft des pannosus im kaiserlichen Lager. Dafs dieser der Überbringer des päpstlichen Antwortschreibens in c. 20 gewesen sei, scheint ausgeschlossen, weil nach c. 18 und Eberhards Brief an Heinrich in dem Briefe des pannosus von ganz andern Dingen die Rede war. Ragewin erzählt, Friedrich sei durch die Beleidigung von jugendlichem Zorn ergriffen worden und von dem Verlangen, Gleiches mit Gleichem zu vergelten, sei aber zu der Überlegung gekommen, zwar nicht durch eine niedrige, sondern eine hochstehende Persönlichkeit dem Papst zu antworten — hier wird der Gedankengang zunächst unterbrochen, der erwartete Nachsatz, in dem mitgeteilt würde, wie denn Friedrich seinem Zorn genug gethan habe (der Gegensatz zum vorhergehenden quidem, der noch aussteht), dieser Nachsatz folgt zunächst noch nicht. Ragewin fährt vielmehr fort mit der Erzählung der vorangegangenen Mission des Bischofs von Vercelli und was damit zusammenhängt. Jener Gedankengang aber ist offenbar erst wieder aufgenommen durch die Erzählung in c. 21, die sich, wie wir wissen, ursprünglich an die Worte „effectu caruit" in c. 18 unmittelbar anschlofs. Sie beginnt mit einer Wendung, welche sich sachlich ganz an jene Bemerkung von Friedrichs Wunsch, Vergeltung zu üben, anschliefst. Es heifst: Princeps ergo et ipse, accepta occasione, suam hoc modo solatur indignationem. Durch das ergo ist die Wiederaufnahme des vorher fallen gelassenen Gedankens angedeutet. Als Genugthuung Friedrichs folgt nun der Befehl an die Kanzlei.

So haben wir bis jetzt die folgende Reihe von Ereignissen uns konstruiert:
1. Friedrichs Brief c. 19, vom Bischof von Vercelli dem Papst überbracht.
2. Hadrians Antwort c. 20.
3. Die Botschaft des pannosus.
4. Friedrichs Entsendung einer vornehmen Persönlichkeit und der Befehl an die Kanzlei.

Wir haben noch die Sendung Hermanns von Verden einzureihen. Man könnte glauben, sie sei unmittelbar auf Hadrians Brief in c. 20 erfolgt, also vor der Botschaft des pannosus. Die Art, wie Ragewin die Sendung Hermanns erzählt, macht es wahrscheinlicher, dafs dieselbe nach der Ankunft des pannosus erfolgt ist. Nachdem diese erzählt ist, denkt Ragewin sofort an den kaiserlichen Befehl an die Kanzlei, Friedrichs Gegenmafsregel. Dieselbe wurde wohl zuerst ausgeführt in dem von Hermann an den Papst überbrachten Brief. Da der Schriftsteller dessen Inhalt, Guido von Blandrate betreffend, kennt, so hält er es für notwendig, den in derselben Angelegenheit früher erfolgten Schritt des Kaisers, die Sendung Uguccios von Vercelli, hier nachträglich zu berichten. Die Erfolglosigkeit dieser Mission veranlafst die zweite (Cum autem haec a Romano pontifice volente in irritum revocare, quod factum fuerat, negaretur, mittitur denuo Herimannus Ferdensis episcopus in id ipsum), und auch diese endet, wie gleich hinzugefügt wird, resultatlos (eiusque negocium item effectu caruit.). Bei dieser Gelegenheit nun that der Kaiser seinem Zorn genug (Princeps ergo et ipse accepta occasione, suam hoc modo solatur indignationem) durch den Befehl an die Kanzlei. Derselbe wurde darnach zuerst in dem von Hermann überbrachten Brief ausgeführt und dieser uns nicht erhaltene Brief ist es, über den der Kardinal Heinrich sich in seinem Schreiben an Eberhard von Bamberg beklagt, er habe nec stilum nec antiquam consuetudinem imperialium litterarum innegehalten. Hermann von Verden ist also die honorata persona, welche Friedrich I. an Hadrian schickte.

Bis zu den in c. 22 mitgeteilten Briefen haben wir nun die folgende Reihenfolge der Ereignisse gewonnen:

Der vom Bischof von Vercelli überbrachte Brief in c. 19 — die Antwort c. 20 — die Botschaft des pannosus — der Befehl an die Kanzlei — die Sendung Hermanns von Verden. Noch ein Widerspruch ist zu lösen. Der Brief in c. 19 hat schon die veränderte Reihenfolge der Namen in der salutatio, der Befehl zu dieser Veränderung ist aber, wie wir annehmen, erst später erfolgt. Ist unsre Annahme also falsch? Aus diesem Grunde gewifs nicht. Dafs der Befehl vor der Sendung Uguccios erfolgt sei, ist so gut wie ausgeschlossen. Aber selbst in diesem Falle bliebe der Umstand rätselhaft, dafs in dem Briefe wohl der eine aber nicht der andre Teil des Befehls befolgt ist. Die Redeweise ist nach wie vor nos und vos, während in dem in c. 21 mitgeteilten Befehl der Gebrauch von nos und tu angeordnet ist. Wir müssen uns darum nach einer andren Erklärung umsehen. Dafs die beiden Teile des Befehls nicht gleichzeitig erfolgt seien, dafs Friedrich erst die Veränderung der Reihenfolge und später die des Numerus angeordnet habe, ist wenig wahrscheinlich. Ich denke mir, das in der kaiserlichen Kanzlei aufbewahrte Konzept des Briefes enthielt keine salutatio. Eine solche ist nun, als Ragewin später der Brief zur Veröffentlichung mitgeteilt wurde, entweder von ihm selbst oder in der Kanzlei der späteren Vorschrift gemäfs hinzugefügt worden. Dafs wir es nicht mit einer ursprünglichen salutatio zu thun haben, dafür spricht auch wohl das vollständige Fehlen des eigentlichen Grufses, was völlig gegen die Regel ist.

Auf die Frage, welches Recht Friedrich zu seinem Befehl gehabt habe, sind vielerlei Antworten erfolgt. Ganz falsch ist natürlich die Behauptung[1], der Papst habe durch Voranstellung seines Namens und durch Anrede des Kaisers mit „Du" zuerst die Form verletzt. Wir wissen, dafs dies keine Formverletzung, sondern der regelmäfsige Brauch ist. Schon P. Wagner[2] hat dies festgestellt, aber seine weitere Ausführung ist nicht ganz korrekt. Wenn Giesebrecht[3] sagt, dafs die Neuerung dem früheren

---

[1] Raumer, *Hohenstaufen* II. 107. Prutz I. 194.
[2] a. a. O. p. 132.
[3] V. 219.

Gebrauche der kaiserlichen Kanzlei entsprach, der erst in der Zeit Konrads III. verlassen war, so trifft dies nur inbezug auf den Numerus, nicht auf die Reihenfolge der Namen zu. Auch Ribbecks Versuch[1], diese Frage auf Grund des früheren Kanzleigebrauches zu entscheiden, ist mangelhaft. Zum Beweise genügt es anzuführen, dafs er z. B. den Absetzungsbrief Heinrich IV. an Gregor VII. heranzieht, um die von Seiten des Kaisers dem Papst gegenüber gebräuchlichen Briefformen festzustellen, während Heinrich IV. Gregor in jenem Briefe doch garnicht mehr als Papst behandelte.

Friedrich I. selbst hat nach Ragewins Bericht erklärt, dafs die einzuführende Schreibart von Alters her gebräuchlich sei und nur in neuerer Zeit aus Rücksicht auf gewisse Personen geändert. Entweder müsse darum der Papst die Art seiner Vorgänger in Briefen an den Kaiser befolgen, oder er selbst müsse sich an die Briefform der früheren Kaiser halten (antiquorum principum). Schon dieser Ausdruck deutet darauf, dafs Friedrich an eine weit zurückliegende Zeit denkt. Wir müssen in der That bis auf Karls des Grofsen Zeit zurückgreifen, ehe wir Briefe finden, in denen der Name des Kaisers vor dem des Papstes gestanden hat. Karl der Grofse aber und die byzantinischen Kaiser haben, wie wir schon wissen, in dieser Form an die Päpste geschrieben. Wie in so mancher Beziehung[2] folgte also Friedrich auch hierin dem Brauche Karls des Grofsen und der griechischen Kaiser. Damals hatten auch die Päpste selbst ihren Namen an die zweite Stelle gesetzt, es hiefs also:

  Karolus imperator Leoni papae und
  Karolo imperatori Leo papa.

Friedrich ging nicht einmal so weit, er verlangte nur eines von beiden, (aut-aut) sodafs nicht eine Höherstellung der kaiserlichen, sondern eine Gleichstellung beider Gewalten zum Ausdrucke gekommen wäre. Die Formen sollten also sein:

---

[1] *Friedrich I und die römische Kurie.* p. 81.
[2] So griff Friedrich bisweilen auch in seinem urkundlichen Titel und in Briefen auf die von Karl dem Grofsen gebrauchten Formalien zurück.

Adrianus Friderico und
Fridericus Adriano oder

Friderico Adrianus und
Adriano Fridericus.

Anders steht es mit den zweiten Teil von Friedrichs Befehl. In der letzten Zeit waren die Formen nos und vos üblich gewesen und wenn nun der Papst plötzlich tu angeredet werden sollte, so bedeutete das in der That eine höhere Rangstellung des Kaisers. Aber der Numerus war in formeller Hinsicht bei weitem nicht so wichtig wie die salutatio. So war ja, wie wir wissen, im Numerus ein fester Gebrauch erst seit Konrad III. aufgekommen. Für diesen Teil seines Befehls konnte sich Friedrich also noch auf den Brauch Heinrichs V. und Lothars berufen.

Welche Bedeutung man der veränderten Briefform auch von päpstlicher Seite beimaſs, ergibt sich aus dem schon besprochenen Briefe des Kardinals Heinrich an Eberhard. Die Rechtfertigung folgt unmittelbar (Rag. IV. 22) in Eberhards Antwort.

Schon bei der ersten Lektüre fällt der eigentümlich dunkle und verworrene Stil darin auf, wie man ihn vom Bischof Eberhard von Bamberg kaum erwarten möchte.

Die von Ragewin mitgeteilten Dokumente haben immer für unanfechtbar gegolten. Nur Wilmans[1] vermutet, daſs Ragewin einmal in einem Briefe eine Stelle ausgelassen habe, was freilich Prutz[2] bestreitet. Daſs aber Ragewin nicht diejenige Gewissenhaftigkeit bei der Benutzung authentischer Akten an den Tag legt, wie sie etwa ein moderner Historiker üben würde, geht schon aus der Art hervor, wie er z. B. III 3 einen ihm mitgeteilten Brief des Kaisers mit der ruhigsten Miene von der Welt fast wörtlich in seine Darstellung aufnimmt und ihn also als sein geistiges Eigentum erscheinen läſst. Aber auch wieder nicht ganz wörtlich ist der Brief ausgeschrieben, sodaſs man auch nicht sagen kann, Ragewin habe wenigstens an dem Wortlaut des Schriftstücks nichts geändert, nur dessen Charakter nicht hervortreten lassen und sich mit fremden Federn geschmückt. Wie er

---

[1] *M. G. Ss.* XX. 487.
[2] *Ragewins Gesta Friderici.* p. 59.

nun hier ein offizielles Aktenstück mit beliebigen Änderungen in seine Darstellung verflicht uud den Charakter desselben unterdrückt, so ist es an sich nicht undenkbar, dafs er auch einen Schritt weiter geht und in den Texten der Aktenstücke, die er als solche mitteilt, gelegentlich Änderungen, Zusätze oder Auslassungen vornimmt, sei es dafs dies aus tendenziösen oder welchen Rücksichten sonst geschieht. Um das Vorkommen solcher Fälle fest zu behaupten, wäre eine genaue Untersuchung sämtlicher von Ragewin mitgeteilter Aktenstücke notwendig, man müfste auch Ragewins eigene Schreibart genauer untersuchen, vor allem noch mehr nach klassischen Citaten suchen, die, wie ich glaube, noch nicht sämtlich gefunden sind.

Dringender Verdacht für die besprochene Behandlung eines Ragewin mitgeteilten Briefes scheint mir IV. 22 bei Eberhards Brief an Heinrich vorzuliegen. Ein grofser Teil desselben besteht fast ganz aus Citaten und zwar aus Citaten solcher Schriftsteller, die fast ausschliefslich auch bei Ragewin in einer gröfseren oder geringeren Zahl von Fällen citiert, jedenfalls sämtlich von ihm gekannt sind.[1] Wir lassen die betreffende Stelle des Briefes ohne jede Auslassung folgen, mit Kenntlichmachung der teils schon früher teils hier zuerst gefundenen Entlehnungen:

Sedemus et oscitamus. Sedemus inquam,	Cornific. rhet. IV. 48.
ut ait quidam in Romana re publica, *nocte diem die noctem exspectantes*, et iam *prudentes*	Corn. ib.
et scientes perimus. De me dico vobis, ut	Terent. Eun. I. 1. 27.
tutis loquar auribus: Nolo *mali nuntii* esse	Cicero (wo?)
baiolus, neque veniam, ut audiam vel referam	2. Reg. 18. 22.
amaras hystorias. Verba verbis obviant quasi	Hor. Sat. I. 3. 89.
pila minantia pilis. Ubi est sapientia, ubi	Lucan Ph. I. 7.
prudentia in regno et sacerdotio? Separet nos Deus ab his de quibus dicitur: *Omnis sapientia eorum devorata est.* Non dicatis nobis	Ps. 106. 27.

---

[1] Cornificius galt als identisch mit Cicero. Aus Terenz sind noch keine Citate bei Rag. nachgewiesen; dafs er ihn aber gekannt habe, kann bei seiner grofsen Belesenheit in den klassischen Autoren kaum zweifelhaft erscheinen.

ultra: Venite, sed potius vos, *claves* habentes *scientiae* nos prevenite, non invitati venite et docete filios vestros non in amaritudine spiritus, sed in *lenitate et* multa *mansuetudine.* Parcat illis Deus, qui *oleum quasi camino addentes,* inter patrem et filium, inter regnum et sacerdotium seminant discordias. *Insipiens factus sum, vos coegistis me.* Veniant pro Deo nuncii boni, portantes pacem, tamquam scientes et docentes nos instare oportune importune. More solito scribantur litterae, adiuvante Domino. *Flebile principium melior fortuna sequetur et tristicia vertetur in gaudium.*

Lucas 11. 52.

Cic. 2. Off. 9.
Hor. Sat. II. 3. 321.

2. Cor. 12. 11.

Ov. met. I. 22.

2. Joh. XVI. 20.

Dieses bunt zusammengeflickte Machwerk erinnert schon stark an Ragewins Art, die man passend als Mosaikarbeit bezeichnet hat. Doch warum soll Ragewin allein so gearbeitet haben? Ist er nicht vielleicht nur der Typus einer Klasse von Leuten, die, so oft sie Latein zu schreiben hatten, nichts Besseres zu thun wufsten, als ihre ganze biblische und klassische Litteraturkenntnis zu Rate zu halten, um mit Hilfe derselben für ihre Gedanken den lateinischen Ausdruck zu finden? Es ist gewifs, dafs es dergleichen Schriftsteller im Mittelalter noch sonst gegeben hat; ob aber Eberhard von Bamberg dazu gehört, ist mehr als zweifelhaft.

Gleich hinter unsrem Brief teilt Ragewin einen Brief Eberhards mit, welcher von solchen Entlehnungen vollständig frei ist. Nur ein einziges biblisches Citat findet sich; aber wie kann ein solches im Briefe eines Bischofs auffallen? Merkwürdig wäre auch der Zufall, dafs sich dieser Brief gerade bei Ragewin aufgenommen findet, zu dessen Darstellung er seiner schriftstellerischen Art nach so gut pafst. Wenn es also von vorneherein nahe liegt, daran zu denken, dafs bei der Abfassung des Briefes, so wie er uns vorliegt, Ragewin seine Hand im Spiele gehabt habe, so wird eine solche Annahme noch durch einige weitere Momente unterstützt.

Zunächst ist es doch sonderbar, dafs das in diesem Briefe vorkommende sallustianische Citat gerade aus der Rede Cäsars entnommen ist, die eben Ragewin so gern für seine Darstellung benutzt.[1]

Der Vers aus Ovid wird auch von Otto von Freising citiert[2], und dafs Ragewin gerade seinem Vorgänger an dem Buche von diesem vorgebrachte klassische Citate entnimmt, ist ein noch sonst vorkommender Fall.[3] Wieder sollen wir an einen seltsamen Zufall glauben, wenn wir nicht eben Ragewins Hand erkennen wollen.

Noch gravierender ist vielleicht das Folgende. Im nächsten Kapitel citiert Ragewin Lucan, was bei ihm äufserst selten ist. Die Stelle findet sich schon bei Otto von Freising II. 25, der sie durch die Worte „ut dicitur" als Citat kenntlich macht. Sie lautet: Procerum motus haec cuncta secuntur. In der Handschrift A findet sich davon nur das Wort „Procerum", und durch ungenaues Schreiben scheint die ganze Stelle unklar geworden zu sein. In den späteren Redaktionen aber findet sich das vollständige Citat. Hält man diese Thatsache mit dem Umstand zusammen, dafs auch in Eberhards Brief, der, wie wir wissen, bei Abfassung von A Ragewin noch nicht vorlag, Lucan citiert ist, so fällt es schwer, noch an ein zufälliges Zusammentreffen zu glauben. Man möchte vielmehr annehmen, Ragewin habe bei Anfertigung der zweiten Redaktion, da er ja einmal Lucan zur Hand hatte, auch in dem dicht dabei stehenden Brief ein Citat aus Lucan angebracht.

Ich zögere, zu einem festen Schlufs zu kommen. Es hiefse gewifs Ragewin Unrecht thun, wollte man behaupten, der ganze Brief Eberhards habe niemals die Bamberger Kanzlei gesehen, sei lediglich das Machwerk Ragewins. Ihn von jeder eigenmächtigen Änderung des Wortlauts freizusprechen, ist doch noch weniger möglich, denn der schwere Verdacht bliebe auf ihm ruhen. So werden wir zu der Annahme gedrängt, er habe einen ihm wirklich vorliegenden Brief Eberhards frei bearbeitet. Nehmen

---

[1] Sall. Cat.'51. bei Rag. III. 46 z. Teil ausgeschrieben, benutzt auch IV. 26.
[2] Gesta Frid. I. 22.
[3] III. 38. entnimmt Rag. eine Schilderung des Orosius aus Ottonis Chron. II. 11, das Citat aus Lucan bei Otto II 25 findet sich wieder bei Rag. IV. 23. cf. Scheffer-Boichorst in d. Mitt. d. Inst. VI. 636.

wir aber solches an, so führt die Konsequenz dazu, dafs wir auch allen übrigen von Ragewin gebrachten Aktenstücken mit Mifstrauen entgegenkommen. Uns soll es genügen, darauf hinzuweisen, welch dringender Verdacht in einem bestimmten Falle Ragewin trifft, in der bezeichneten unlauteren Art mit einem ihm zur Veröffentlichung übergebenen Aktenstück verfahren zu sein.

Was kann ihn nun in unsrem Falle dazu bewogen haben? Vielleicht war Eberhards Brief unvollständig in seine Hände gekommen, und er hat ihn ergänzt. Wahrscheinlicher ist ein andres. Man kennt Ragewins Furcht, durch seine Darstellung irgend jemand zu verletzen, sei es Kaiser oder Papst. Nun würde der Brief, so wie er ist, den Thatsachen nicht entsprechen. Denn Eberhard verspricht Abstellung des neuen Brauches und wir wissen gleichwohl, dafs noch ferner der Kaiser seinen Namen vor. den des Papstes gestellt hat. Eigentümlich kann es auch erscheinen, dafs Eberhard im Anfange seines Briefes die Änderung entschuldigt, dann von ganz andern Dingen spricht, um schliefslich wie beiläufig den Satz unterlaufen zu lassen: More solito scribantur litterae, adiuvante Domino. Wenn wir aber annehmen, dafs der von uns oben ausführlich besprochene Teil des Briefes von Ragewin herrührt, so können wir den Zweck der ganzen Sache in Ragewins Bestreben erblicken, dafs der Leser den Eindruck gewinne, man habe der päpstlichen Forderung nachgegeben ohne doch der kaiserlichen Würde etwas zu vergeben. Soviel über den Brief des Bischofs Eberhard von Bamberg.

Die nächste und auch letzte Phase, die wir in diesem Streite um die Briefformen kennen, sind ein Brief des Papstes Hadrian vom 24. Juni 1159 und Friedrichs Antwort. Der Papst stellt in scharfem Tone diejenigen Punkte zusammen, die seit langer Zeit vor allem seinen Groll gegen Friedrich geschürt haben. Friedrich antwortet in fast noch schärferem Tone, indem er die gegnerischen Behauptungen einzeln zurückweist. Was die Briefformen betrifft, so beklagt sich Hadrian, dafs Friedrich das Herkommen verletzt habe. Der Kaiser antwortet, dafs es auf alten Brauch zurückgehe, dafs überhaupt alle Rechte des römischen Bischofs demselben erst durch die konstantinische Schenkung verliehen seien, und dafs darum der Kaiser davon jederzeit rückgängig machen könne, was ihm beliebe. Die beiden Briefe sind von P. Wagner[1] für unecht erklärt worden, und Löwenfeld in seinen Regesten[2] betrachtet den Beweis der Unechtheit für erbracht. Auch Giesebrecht hat für seine Darstellung im V. Bande die Briefe nicht mehr berücksichtigt. Da nun die Briefe gerade für unseren Gegenstand von allerhöchstem Interesse wären, so wollen wir noch einmal die Argumente prüfen, welche Wagner gegen die Echtheit vorbringt.

Es gibt zwei Hauptgruppen von Texten; die erste, welche sich in der Continuatio Aquicinctina des Siegebert findet (M. G. Ss. VI. 408) und nach dieser auch im Chronicon Bertinianum; die zweite, welche auf die von Nauclerus in Hirschau gefundenen Briefe zurückgeht. Wagner meint, dafs auch diese Texte auf den der Cont. Aquic. zurückgehen.[3] Der Beweis dafür scheint mir aber keineswegs klar erbracht zu sein. Die Unterschiede sind zu bedeutend. Vor allem kommt ein Zusatz des Hirschauer Textes gegenüber dem der C. A. in Betracht. W. sucht ihn als im Text des Nauclerus hinzugefügt darzustellen. Nachdem der Kaiser sein Recht, den eigenen Namen voranstellen zu dürfen, betont hat, folgt im Text des Nauclerus diese Stelle: et ad iustitiae normam eidem[4] nobis scribenti concedimus. Revolvite annales et si (soll wohl heifsen nisi) lectum neglexistis, quod asserimus, illic invenitur. Die Stelle pafst sachlich vollkommen. Friedrich verlangt nicht, dafs auch der Papst ihm mit Voranstellung des kaiserlichen Namens schreibe. Aus Ragewin IV. 21 geht hervor, wie wir wissen, dafs eine Gleichstellung von Kaiser und Papst sich in den salutationes ausdrücken soll. Nicht mehr als das liegt in den Worten des Zusatzes im Hirschauer Text. Was die folgenden Worte des Zusatzes betrifft, so scheinen sie mir recht charakteristisch für die Auffassung auf kaiserlicher

---

[1] *Eberhard II. von Bamberg.* Halle 1876. p. 120.
[2] Jaffé-Löwenfeld 10575.
[3] Aus welchem Worte Weilands (*Hist. Ztschr.* 34. 425) W. dessen Neigung zu der Annahme erkennt, Nauclerus habe die Briefe aus der *C. A.* entnommen, ist mir nicht ersichtlich.
[4] Vielleicht *idem* zu lesen.

Seite zu sein. Revolvite annales etc. Im Briefe Eberhards [1] heifst es über dieselbe Sache (Rag. IV. 22): Annales quandoque revolvuntur etc. Man sage nicht, dafs Annales revolvere eine nicht ungewöhnliche Redensart sei; für das Durchstöbern alter Akten, wie es damals geschehen ist, scheint der Ausdruck allerdings ungewöhnlich. Ich kann darum nicht glauben, dafs durch einen Zufall derselbe Ausdruck sich an beiden Stellen findet. Er scheint vielmehr für dieses Verfahren damals in der kaiserlichen Kanzlei üblich gewesen zu sein. So gebraucht ihn Eberhard, und so findet er sich in unsrem Briefe wieder. In der Sache aber trifft der Zusatz genau das Richtige. Man berief sich eben, wie wir wissen, auf den früher üblichen Gebrauch. Der Zusatz ist W. in seiner ersten Hälfte zu höflich, in der zweiten zu grob. Ich finde nicht, dafs er merklich aus dem Tone des ganzen Briefes herausfällt. Doch läfst sich darüber schwer streiten. Die Art endlich, wie W. sich den Zusatz entstanden denkt, dafs nämlich eine Randbemerkung irrtümlich in den Text geraten sei, ist an sich wohl möglich und derartiges ist oft vorgekommen. In solchem Falle mufs aber der Zusatz als Randbemerkung möglich sein. Wie kann aber ein Abschreiber sagen: et ad iustitiae normam eidem nobis scribenti concedimus? Das ist vollständig sinnlos, aufser im Munde des Kaisers. Wie diese Worte der Sache entsprechen, so haben sie gewifs auch niemals anders gelautet. Es folgt ja auch „asserimus," was der Abschreiber auch nicht als seine Bemerkung also ausgedrückt haben würde. Nach alledem dürfen wir den Zusatz von dem Text des Nauclerus nicht trennen. Er stammt, wie wir annehmen müssen, aus der kaiserlichen Kanzlei [2]: dann kann aber des Nauclerus Text nicht

---

In dem ersten Teil des Briefes, an dessen Authenticität wir wohl im wesentlichen festhalten können (vielleicht mit Ausnahme des Citats aus Sallust.)

[1] Auch auf den Widerspruch, der in Wagners Ausführungen liegt, mag hingewiesen werden. Er sagt von dem Zusatz, ein solcher könne nicht in der kaiserlichen Kanzlei entstanden sein. Wie kann aber das ein Argument gegen die Ursprünglichkeit des Zusatzes sein, da W. ja von dem ganzen Brief nicht glaubt, dafs er in der kaiserlichen Kanzlei entstanden? Der Zusatz braucht doch nicht authentischer zu sein als der Brief selbst. Es ist ein Circulus vitiosus, in dem W. sich bewegt.

aus der C. A. stammen, die diesen Zusatz nicht enthält. Auch die umgekehrte Annahme, welche nun in Frage kommen muſs, ob nämlich vielleicht der Text der C. A. aus dem Hirschauer durch Weglassung der bewuſsten Stelle entstanden sei, scheint nicht zulässig. Denn in den meisten Abweichungen zwischen beiden Texten fehlen Worte der C. A. im Hirschauer Text. So ist es auch mit der Datierung, welche nur in der C. A. vorhanden ist. Wir haben also höchst wahrscheinlich zwei von einander unabhängige Texte vor uns, die auf einen ursprünglichen Text zurückzugehen scheinen, der sowohl das Datum als auch jenen Zusatz enthalten hat. Es ist auch denkbar, daſs derjenige Text, der nach Rom gesandt wurde, von dem abwich, den man in Deutschland verbreitete, daſs hier jener Satz, der von dem Rechte des Papstes handelt, fortgelassen wurde, während man ihn um der gröſseren Klarheit und Schärfe willen dem Gegner gegenüber anwendete. Wie dem auch sei, wir finden eine gewisse Verbreitung der Briefe, die wir in zwei verschiedenen Texten örtlich weit von einander entfernt auftauchen sehen. Daſs fingierte Briefe, dazu in verschiedenen Lesarten eine solche Verbreitung finden, muſs von vornehérein als in hohem Grade unwahrscheinlich gelten. Schon hier haben wir ein Moment, das für die Echtheit der Briefe schwer ins Gewicht fällt. Diese bestreitet nun Wagner aus einer Reihe von Gründen.

Die Ähnlichkeiten der beiden Briefe in der Form, auf die W. selbst nicht viel Gewicht legt, erklären sich durch absichtliche Nachahmung in der äuſseren Stilisierung.

Das Datum des 24. Juni hat, wie wir wissen, nur der Text der C. A. Da wir zwei verschiedene Texte annehmen, so ist uns auch das Datum, das eben nur ein Text hat, keineswegs so unantastbar wie W., für den ja eben nur der Text der C. A. existiert, sodaſs er auch konsequenter Weise zu' dem Schlusse kommt, das Datum stehe und falle mit den Briefen. Schon Reuter[1] hat betont, daſs der Brief des Papstes besser in die ersten Monate des Jahres als in den Juni 1159 passe, aber obwohl er am 24. Juni festhält, will er doch die Echtheit nicht

---

[1] *Alexander III.* B. I. 485/86.

davon abhängig machen, wie man sich mit diesem Datum abfinden kann.[1]

W. wundert sich, dafs der Papst sich über die Neuerung im Briefstil erst so lange nach Einführung derselben beschwert. Das Argument ist ganz hinfällig. Denn erstens wissen wir nicht, ob das nicht schon vorher geschehen ist — wir haben eben keinen Brief des Papstes aus der Zwischenzeit. Aber auch zugegeben, dafs Hadrian sich bis dahin noch nicht persönlich beschwert gehabt habe, — wie kann W. nur behaupten, dafs von päpstlicher Seite noch keine Beschwerde gegen die neue Form erhoben sei? Er kennt doch so gut wie wir die von Ragewin mitgeteilten Briefe des Kardinals Heinrich an Eberhard und dessen Antwort. Und wo der Papst, eben als der Groll am höchsten gestiegen, alle Beschwerden zusammenstellt, nennt er natürlich auch diese.

Was weiter die Nichterwähnung des Numerus betrifft, so ist diese nicht so verwunderlich, denn wir wissen, dafs es sich dabei um eine weniger wichtige Form handelt. Eine feste Regel existierte darin erst seit dreifsig Jahren, während seit Ludwigs des Frommen Zeit alle Könige den Namen des Papstes dem ihrigen vorangestellt hatten.

Auch der folgende Punkt erledigt sich leicht. W. nimmt Anstofs an der Stelle, wo es heifst: Quid dicam de fidelitate beato Petro et nobis a te promissa et iurata, quomodo eam observes, qui ab his qui Dei sunt et filii excelsi omnes, episcopis scilicet, hominagium requiris, fidelitatem exigis et manus eorum consecratas manibus tuis innectis. Zunächst scheint W. den Ausdruck von dem von Friedrich gegebenen eidlichen Versprechen zu eng zu fassen. Er meint, in dem betreffenden Eid müfste sich Friedrich verpflichtet haben, keinen Eid von den Bischöfen zu fordern, vielleicht gar speziell von den italienischen Bischöfen. Die vom Papst gemeinte eidliche Versicherung Friedrichs war jedenfalls viel allgemeinerer Natur. In der That pafst der Ausdruck vortrefflich. 1153 hatte Friedrich einen Vertrag mit Eugen III.[2]

---

[1] Auch für die Festellung des päpstlichen Itinerars (vgl. Jaffé-Löwenfeld) bereitet das Datum Schwierigkeiten.

[2] *M. G. Leg.* II. 92. Wib. ep. 407 ap. Jaffé I. 546.

geschlossen, in dem Friedrich sowohl beschwören läfst als selbst durch Handschlag gelobt: Honorem papatus et regalia beati Petri, sicut devotus et specialis advocatus sanctae Romanae ecclesiae contra homines pro posse suo eidem conservabit. Weiter kann in Betracht kommen das von Friedrich I. bei seiner Kaiserkrönung dem Hadrian thatsächlich geleistete Versprechen:[1] In nomine Christi promitto, spondeo atque polliceor ego N. imperator coram Deo et beato Petro me protectorem ac defensorem esse huius sanctae Romanae ecclesiae in omnibus utilitatibus in quantum divino fultus fuero adiutorio secundum scire meum et posse. Eines von diesen beiden Versprechen ist offenbar gemeint. Für das erste spricht der in Friedrichs Antwort gebrauchte Ausdruck regalia, da gerade dort Friedrich die Regalien zu achten verspricht, für das letzte des Papstes Ausdrucksweise beato Petro et nobis; jenes war Eugen III., dieses Hadrian geleistet worden. Wenn der Papst den Inbegriff seiner Rechte als Regalien auffafst, mufs ihm der von Friedrich geforderte Lehnseind der Bischöfe als Verletzung der päpstlichen Regalien erscheinen. Friedrich hätte also durch diese Forderung sein Versprechen, die päpstlichen Regalien zu schützen, verletzt.

Im Folgenden könnte es allerdings auffallen, dafs der Papst die zwei Kardinäle betreffende Angelegenheit noch einmal hervorsucht. Aber wir müssen annehmen, dafs er eben Anklagen auf Anklagen häufen wollte; und dafs gerade die seinen Gesandten widerfahrene Unbill ihm noch 1159 in kränkender Erinnerung war, erzählt uns ausdrücklich Ragewin IV. 18.

Was endlich den letzten Punkt betrifft, so scheint es zu künstlich, aus des Papstes Worten den Sinn herauszulesen, er habe die deutsche Krone zu vergeben. Auch die Antwort des Kaisers kann das nicht beweisen.

Was dann weiter den Brief des Kaisers betrifft, so legt W wieder viel zu grofsen Wert auf den Numerus. Er ist die unwichtigere Form, deren Verletzung also auch von päpstlicher Seite nicht allzu schwer empfunden wurde. Auch W's. folgendes Bedenken gegen die Echtheit des Briefes kann keineswegs gegen

---

[1] *M. G. Leg*. II. 97. cf. Giesebrecht V. 62.

diese Echtheit entscheiden. Dafs in Deutschland die Krone nicht schlechtweg erblich war, ist allerdings bekannt genug, aber ebenso bekannt ist auch, dafs die Mitglieder des Herrscherhauses einen gewissen Anspruch auf die Krone zu machen pflegten. Dafs nun dem Tone des ganzen Briefes entsprechend hier allein von diesem Anspruch die Rede ist, kann nicht wunderbar erscheinen. Unter den progenitores aber, von denen Friedrich sein Recht auf die Krone herleiten will, werden wir die salischen Kaiser zu verstehen haben.

Dafs die Änderung des Kanzleigebrauchs auf die konstantinische Schenkung zurückgeführt wird, entspricht der Anschauung der Zeit vollkommen und ist auch im Munde des Kaisers nur konsequent. Es wird eben allgemein gesagt, dafs der Papst alle seine Rechte nur vom Kaiser durch die konstantinische Schenkung habe, dieser sie also auch wieder nehmen könne. Wenn auch Friedrich die Form selbst von seinem Vorbilde Karl dem Grofsen nahm, so ist doch gerade dem Papst gegenüber der Hinweis auf die konstantinische Schenkung sehr natürlich.

Es gibt ein Merkmal der päpstlichen Dokumente, namentlich seit dem 12. Jahrhundert, über welches Noël Valois in der Bibliothèque de l'école des chartes 1881 p. 161 ff. und p. 257 ff. ausführlich gehandelt hat. Es ist der sogenannte cursus, d. h. ein rythmisches Ausklingen der Sätze und einzelnen Satzteile. Seit Anfang des 12. Jahrhunderts findet es sich mehr oder weniger rein und vollständig in allen aus der päpstlichen Kanzlei hervorgegangenen Schriftstücken. Das Fehlen desselben würde auf Unechtheit schliefsen lassen. Die einzelnen Arten des cursus pflegen in einem und demselben Briefe zu wechseln. Auch unser päpstlicher Brief genügt nun in dieser Beziehung den Ansprüchen, die wir an ihn stellen müssen. Wir finden die Satzschlüsse:

longevitátem réprŏmíttit (?) [1]
mediócritĕr ádmirámŭr
} cursus velox

---

[1] Scheint doch als cursus velox gedacht zu sein, freilich müfste statt des Spondäus ein Dactylus stehen. Ist aber an dieser Stelle kein cursus beabsichtigt, so macht auch das nicht viel aus, da die Worte nicht am eigentlichen Satzende stehen.

$\left.\begin{array}{l}\text{mórtīs inténdĭt}\\\text{vócĕ dŏcémŭr}\\\text{exhibérĕ vĭdéris}\\\text{nót⁀m incúrrĭs}\\\text{régnī̆ tū̆i claúdĭs (?)}\\\text{nobilitátī timémŭs}\end{array}\right\}$ cursus planus

$\left.\begin{array}{l}\text{tíbī̆ cōnsúlĭmŭs}\\\text{corónăm mĕrŭérĭs}\end{array}\right\}$ cursus tardus

Natürlich ist das kein zwingender Beweis für die Echtheit, denn der Brauch der Curie war nicht unbekannt. Johannes Anglicus (Rockinger 501) läfst sich sogar ausführlicher über den cursus, den er stilus nennt, aus; aber wir müfsen eben bei der Annahme der Unechtheit des Briefes seinem Verfertiger aufser allen seinen übrigen Kenntnissen noch eine sehr genaue Bekanntschaft mit den Gebräuchen der päpstlichen Kanzlei zuschreiben.

Nach alledem komme ich zu dem Resultat, dafs mir W's. Gründe gegen die Echtheit der Briefe teils überhaupt nicht zutreffend, teils doch nicht gewichtig genug erscheinen, um darum die Echtheit der Briefe zu bestreiten. Wir halten darum an dieser fest, zumal die entgegengesetzte Annahme, abgesehen davon, dafs sie nicht hinlänglich zu begründen ist, vielleicht noch gröfsere Widersprüche zur Folge hat als die Annahme, dafs die Briefe echt seien. Von der Rolle, die die verschiedenen Texte spielen, ist schon gesprochen worden. Und der Verfasser dieser Stilübung, denn mit einem solchen haben wir es nach W's. Annahme zu thun, weifs denn doch zu viel von der grofsen Politik als dafs wir wirklich an diesen Stilisten glauben könnten.

Da man einmal weifs, dafs im Mittelalter viele fingierte Briefe verfafst wurden, so ist es verlockend, eine solche Stilübung allemal anzunehmen, wenn sich Dinge in einem Briefe finden, die zu erklären uns schwer fällt. Man ist dabei in der angenehmen Lage, eine Fälschung annehmen zu können, ohne einen Zweck für dieselbe angeben zu müssen. Aber man darf dabei auch nicht zu weit gehen. Nicht ohne triftige Gründe soll man ein Schriftstück aus der Zahl der echten historischen Dokumente verstofsen. Ich glaube, dafs das in unsrem Falle geschehen ist.

3. Der spätere Briefwechsel zwischen Kaiser und Papst bis 1197.

Hadrian IV starb am 1. September 1159. Ob auch noch unter seinem Nachfolger Alexander III. die Briefformen in dem großen Kampfe zwischen Kaiser und Papst eine Rolle gespielt haben, läfst sich nicht mehr feststellen. Gewifs ist, dafs Friedrich nach 1177 auf seine die Neuerungen im Briefstiel betreffenden Forderungen der Curie gegenüber nicht mehr zurückkam. So war denn der Formalienstreit ohne praktische Folgen geblieben; seit dem Friedensschlusse von Venedig korrespondierte man wieder wie vor 1159.

Friedrichs Brief[1] an den zum Papst erwählten Roland (Alexander III) ist noch an den „Kardinal" Roland und seine Wähler gerichtet. Friedrich wollte sich nach der Doppelwahl seine Entscheidung zu Gunsten eines der beiden Päpste vorbehalten, bis die einzuberufende Kirchenversammlung gesprochen hätte. So wird auch das nicht mehr erhaltene Schreiben Friedrichs an Octavian (Victor IV.) in derselben Form gehalten gewesen sein. Die Behauptung, dafs der Kaiser in demselben Octavian bereits als Papst angeredet habe, ist nicht erwiesen worden und schon deshalb unglaublich, weil sie den Kaiser mit der Haltung, die er damals öffentlich annahm, in vollsten Widerspruch gesetzt haben würde.[2]

Nach dem Friedensschlufs von Venedig mufste Friedrich noch eine besondere schriftliche Versicherung[3] geben, dafs er den Frieden halten werde. Diese Versicherung ist in der Form eines Briefes gehalten, welcher an der Spitze die salutatio trägt:

Reverendo in Christo patri domno papae Alexandro sacrosancte Romane ecclesie summo et universali pontifici, Fridericus Dei gratia Rom. imp. et semp. aug. debitam obedientiam et filialis devotionis affectum. Der Kaiser spricht im pluralis majestaticus, der Papst wird nicht angeredet.

Wir betrachten noch den Briefwechsel zwischen Kaisern und

---

[1] Rag IV. 65.
[2] cf. Giesebrecht, V. 236.
[3] *M. G. Leg.* II. 160. Sie ist datiert vom 17. Sept. 1177 aus dem Dogenpalast in Venedig.

Päpsten bis zum Tode Heinrichs VI. Von kaiserlicher Seite sind von 1184 bis 1197 noch elf Briefe — zwei von Friedrich I., neun von Heinrich VI. — vorhanden[1], welche hinsichtlich der Formalien ein ziemlich übereinstimmendes Gepräge tragen. Die salutatio, der wichtigste Teil der Formalien jedes Briefes, für welche immer schon bestimmte Regeln gegolten haben, ist nun zu einer feststehenden Norm gelangt. Nicht dafs alle diese Begrüfsungsformeln wörtlich übereinstimmten, aber die Gleichheit erstreckt sich auf die Reihenfolge der einzelnen Bestandteile, ihre Form, ihren Inhalt und ihre Anordnung. Die Verschiedenheiten reduzieren sich auf Unterschiede im Titel, gelegentliche Umstellung zweier Ausdrücke und dergleichen.

Die salutatio circumscripta, wie wir sie mit Alberich von Monte Cassino nennen können[2], schon seit langer Zeit[3] in den Briefen der Kaiser an die Päpste angewendet, hat hier eine feste Durchbildung erlangt. Der Name des Empfängers ist eingeschlossen von Beiworten und Titeln, die ihrem Inhalt und auch fast ihrem Wortlaut nach in allen Fällen übereinstimmen. Es heifst regelmäfsig: dem verehrungswürdigen Vater in Christo N. dem höchsten Priester der heiligen römischen Kirche. Die lateinischen Ausdrücke in den einzelnen Fällen sind:

Reverendo et amantissimo patri in Christo L. sacrosancte Romane ecclesie summo pontifici. bei Huill.-Bréh. 320.
Rev. in Chr. patri Clementi sancte Rom. eccl. s. p. 324. 325. 339.
Rev. in Chr. patri Celestino sacros. Rom. sedis s. p. 328.
Venerando in Chr. patri Cel. summo sacros. Rom. sedis p. 329.
Rev. patri in Chr. C. sacros. Rom. eccl. s. p. 334.
„ in Chr. patri Cel. „ „ „ „ „ 335.
„ „ „ „ summo sacros. sed. Rom. p. 336.

---

[1] Gedruckt bei Huillard-Bréholles *Examen des chartes de l'Église romaine contenues dans les rouleaux de Cluny* in den *Notices et extraits des manuscrits de la bibliothèque imp.* Tom. XXIb. p. 320. 324. 325. 328. 329. 334. 335. 336. 337. 339. 340.

[2] Siehe oben p. 68.

[3] Siehe oben p. 83. N. 4.

Rev. in Chr. patri Cel. summo pont. sacros. Rom. sed. 337.
„   „   „   „   „   sacros. Rom. sed. pont. 340.
Der Name des Absenders mit dem ihm zukommenden Titel bildet den zweiten Teil der salutatio: N. von Gottes Gnaden römischer König (Kaiser) (und immer) Augustus (und König von Sicilien). Es sind die gewöhnlichen Formen des Titels:
F. Dei gratia Romanorum imp. et semp. Aug. 320. 324. 328. 329 (wohl der gewöhnliche Titel).
H. D. gr. Rom. rex et semp. Aug. 325.
H. D. gr. Rom. imp. aug. et rex Sicilie. 334.
Henricus D. gr. Rom. imp. semp. Aug. et rex Sic. 335. 336. 337. 339. 340.

Der Kaiser entbietet dem Papst: Grufs und kindliche Liebe. Es heifst:
salutem et filialem cum debita reverentia dilectionem 320.
sal. et sinceram filialis reverentie dilectionem 324.
sal. et filialem dilectionem. 325. 334.
sal. et sincerum filialis dilectionis affectum. 328. 329. 335. 337. 339. 340.
sal. et filialem in Chr. dilectionem. 336.

Ein einzelnes Mal findet sich die Anrufung pater carissime.[1] Wie schon Konrad III. in seinen Briefen an den Papst es gehalten hat, so wird auch hier die erste und zweite Person nur im Plural gebraucht. Nun ist die Anwendnng ehrender Umschreibungen auch für die erste Person gebräuchlich geworden. Am häufigsten sind von diesen: Nostra majestas[2] und nostra serenitas[3]; daneben kommen vor: nostra celsitudo[4], magnificentia[5], sublimitas[6], discretio[7], mansuetudo[8], imperialis majestas[9] (ohne nostra). Statt vos sind am zahlreichsten die Umschreibungen mit vestra

---

[1] a. a. O. 320.
[2] ib. 320. 324. 325. 328. 335. 337.
[3] ib. 328. 329. 334. 336. 337. 339.
[4] ib. 325 329.
[5] ib. 329.
[6] ib. 329.
[7] ib. 329.
[8] ib. 329.
[9] ib. 329.

sanctitas [1] und v. paternitas. [1] Sie sind zur regelmäfsigen Form geworden und sagen daher wenig mehr als das einfache Pronomen. Vereinzelt und daher von mehr schmeichelhaftem Charakter sind die Ausdrücke: vestra prudentia [2], mansuetudo [3], industria [4], discretio [5], circumspectio [6], discretionis vestrae plenitudo [7], paternitatis vestrae prudentia. [8] In allen diesen Briefen ist vieles Formelhafte. Am Anfang nimmt der Kaiser oft Bezug [9] auf Briefe oder Boten des Papstes, die er, als sie zu ihm kamen (ad praesentiam nostram accedentes) mit geziemender Ehrerbietung und Freundlichkeit aufgenommen habe (benigne ut decebat excepimus, ea qua decuit reverentia nostra recepit serenitas, ea qua vestram Sanctitatem nostramque majestatem decuit honestate recepimus). Noch häufiger ist im Verlauf und am Schlusse des Briefes die Empfehlung der Boten [10], welche der Kaiser demnächst an den Papst schicken werde (ad vestram praesentiam dirigere) oder welche Überbringer des gegenwärtigen Schreibens (latores praesentium) sind. Sie werden wohl als tüchtige und ehrenwerte Männer bezeichnet. Mehrfach [11] erscheint auch eine Art petitio mit Wendungen wie: rogamus, monemus et exhortamur in Domino. Im letzten Brief Friedrichs I und im ersten Heinrichs VI. an Clemens III. ist eine eigentümliche Übereinstimmung in der Ausdrucksweise zu bemerken, wo beide Male von der bevorstehenden Kaiserkrönung Heinrichs VI. die Rede ist. Offenbar hat der Schreiber des zweiten Briefes, den ersten als Vorlage benutzt, wie solches bei der Abfassung von Urkunden so häufig geschah. Wir wollen noch erwähnen, dafs mit Ausnahme von zweien diese Briefe sämtlich datiert sind.

---

[1] wiederholt in allen Briefen.
[2] a. a. O. 329. 335.
[3] ib. 329.
[4] ib. 337.
[5] ib. 340.
[6] ib. 336.
[7] ib. 334.
[8] ib. 339.
[9] ib. 320. 324. 325. 329. 335.
[10] ib. 320. 324. 325. 328. 329. 335. 340.
[11] ib. 320. 324. 325. 328. 335.

Wenn wir uns zur Betrachtung der während derselben Periode von Päpsten an Kaiser geschriebenen Briefe wenden, so haben wir zunächst zwei Briefe Alexanders III an Friedrich I. zu besprechen.[1] Sie stammen aus den Jahren 1178 und 1180 also aus der Zeit nach dem Abschlufs des Friedens von Venedig. Der zweite hat die salutatio: Alexander ep. s. s. D. Friderico illustri Rom. imp. sal. et ap. ben. Auffällig ist dabei, dafs hier die seit Paschalis II. übliche Form der salutatio circumscripta verlassen und statt dessen die salutatio prescripta gewählt ist, d. h. nach der Terminologie Alberichs[2], dafs der Name nicht mehr von den begleitenden Beiworten und Titeln eingeschlossen ist, sondern denselben vorangeht. Die veränderte Form ist dadurch herbeigeführt, dafs die bisher dem Namen vorangehenden Worte: dilecto (karissimo) in Christo filio oder dgl. hier fortgelassen sind. Der Ton wird dadurch etwas kühler. Es ist auch wohl nicht ohne Absicht geschehen, denn Alexander schreibt sonst an weltliche Grofse allgemein: dilecto in Chr. filio N. illustri Anglorum regi oder dgl., wie er an Geistliche schreibt: venerabili (oder dilecto) fratri N. Cantuariensi archiepiscopo oder dgl. Die salutatio des ersten Briefes ist nicht vollständig erhalten. Wenn die Aufschrift jetzt lautet: F. illustri Rom. imperatori, so nehme ich an, dafs sie ursprünglich ebenso wie die zweite gelautet hat, dafs aber beim Abschreiben nur diese Worte herausgenommen sind, um den Adressaten kenntlich zu machen. Im übrigen bieten die Briefe in formeller Beziehung wenig Interesse. Die Redeweise ist nos und tu, statt tu finden wir wieder die bekannten Umschreibungen: tua serenitas, magnitudo, celsitudo, excellentia, magnificentia, imperialis serenitas tua. Dem zum Kaiser zu Schickenden (ad praesentiam tuam destinandus), der zugleich Überbringer des Briefes (lator praesentium) ist, sagt Alexander, habe er manches anvertraut, was im Brief nicht gesagt werden konnte. In beiden Briefen finden sich Wendungen, die wie eine petitio erscheinen. Der zweite Brief ist datiert.

---

[1] Löwenfeld, *epistolae ineditae* 268. Heinemann, *Codex dipl. Anhaltinus* I. 426.

[2] Siehe oben p. 68.

In die Zeit bis 1197 fallen noch vier Briefe von Päpsten an deutsche Könige oder Kaiser, welche in formeller Hinsicht den früheren näher stehen als die beiden zuletzt besprochenen. Wir finden wieder die salutatio circumscripta. Der Papst, der sich selber einfach episcopus servus servorum Dei nennt, schickt dem Namen des Adressaten regelmäfsig die Bezeichnung: karissimo in' Christo filio voran; auf den Namen folgt der Titel. In einem Brief Urbans III. an Friedrich I. von 1186 und Cölestins III. an Heinrich VI. von 1195 heifst derselbe: illustri Rom. imp. et semp. Augusto; Gregor VIII. schreibt 1187: Henrico illustri regi, electo Romanorum imperatori und im selben Jahre: Friderico illustri regi Rom. imp. semp. aug. Diese Zusammenstellung von rex und imperator im selben Titel findet sich gewifs sehr selten, niemals legte sich der Kaiser selbst beide Titel gleichzeitig bei. Hinsichtlich der Numeri findet sich wie bisher der Gebrauch von nos und tu, statt des einfachen tu wieder die bekannten Umschreibungen: tua serenitas, celsitudo, excellentia, magnitudo, magnificentia; in den beiden Briefen Gregors VIII. sind statt tua excellentia etc. mit Vorliebe so volltönende Ausdrücke gebraucht wie: imperialis magnificentia, imperialis excellentia, imp. celsitudo, celsitudo regia, magnificentia regia. Cölestin stellt die sedes apostolica, womit doch nur seine eigene Person gemeint ist, der sublimitas imperatoria gegenüber.

Der Brief Urbans VIII beginnt mit einer laugen Einleitung (arenga), in der von der wünschenswerten Freundschaft zwischen Kirche und Staat gesprochen ist. Das Gleichnis von den zwei Schwertern wird dabei weit ausgesponnen. Cölestin III. eröffnet sein Schreiben an Heinrich VI. mit einer captatio benevolentiae. In den drei ersten Briefen spricht der Papst von dem Empfang eines kaiserlichen Schreibens, es heifst wohl, er habe es mit geziemendem Wohlwollen (ea qua decuit benignitate) aufgenommen, genau durchgelesen und werde es in allen Einzelheiten beantworten.[1] Cölestin weist wieder auf die zum Kaiser zu schickenden (ad tuam praesentiam destinandos) Boten hin, viros utique providos et discretos in eccles. Romana praecipuos. Manches haben sie

---

[1] Jaffé-Löwenfeld No. 15634.

dem Kaiser mitzuteilen, was im Briefe nicht gesagt ist, er möge ihnen, wie dem Papste selbst vertrauen. So ist der Brief zugleich ein Empfehlungsschreiben für die Boten. Dieser Brief schließt auch mit einem frommen Wunsch, den wir früher als conclusio bezeichnet haben. Nur die drei letzten Briefe haben eine Datierung.

Wir schließen hier diese Betrachtungsreihe mit der Bemerkung, daß in der folgenden Zeit die Korrespondenz zwischen den deutschen Königen oder Kaisern und den Päpsten wesentlich in denselben Formen wie bis 1197 sich bewegt hat. Hier wie dort tritt der höhere Rang des römischen Bischofs klar hervor.

Briefwechsel mit dem Könige von Frankreich.

Mit einigem Befremden mußten wir die Wahrnehmung machen, daß die Formen, in denen persönliche Begegnungen des römisch-deutschen Kaisers und des französischen Königs stattfanden, nicht geeignet sind, uns die höhere Würde des Kaisers zu veranschaulichen. Wir wissen, daß er als erster weltlicher Fürst der Christenheit galt und daß wenigstens die Theorie alle Könige Europas ihm unterordnete; und doch sehen die Zusammenkünfte auf neutralen Plätzen an der Grenze nicht viel anders aus als der Verkehr zweier beliebiger, an Rang und Würde ziemlich gleichstehender Nachbarfürsten. Anders ist es in den Briefen.

Die Zahl der auf uns gekommenen Briefe deutscher an französische Könige ist für die Zeit bis 1197 sehr gering, ein Brief eines französischen Königs an einen deutschen ist mir aus dieser Zeit überhaupt nicht bekannt.[1] Gleichviel, einige Briefe

---

[1] Ep. 128. in Gerberts Sammlung (ed. Olleris p. 70.) ist nicht eigentlich als solcher zu betrachten. Auch die vier Briefe der Königin Emma an Adelheid und Theophano (Richer III. 87, Bouquet IX. 287. 288. X. 395) lasse ich außerhalb dieser Betrachtung. Es sind die niedergeschriebenen, leidenschaftlichen Klagen einer vom Unglück heimgesuchten Frau, die sie an ihre Mutter und ihre Schwägerin richtet. Von bestimmten kanzleimäßigen Formen, wie sie uns beschäftigen, kann dabei kaum die Rede sein. Cf. Ludolfi *summa dictaminum* bei Rockinger I. 365.

Briefe deutscher Kaiser an französische Könige lassen den Character dieser Korrespondenz hinlänglich erkennen, und dazu sind wir berechtigt, aus einigen Briefen Ludwigs IX. an Friedrich II.[1] Rückschlüsse auf frühere, uns nicht erhaltene Briefe französischer an deutsche Herrscher zu ziehen.

Der für unsre Betrachung wichtigste Teil der Briefe ist wieder die Grufsformel. In dieser stellt der Kaiser seinen Namen dem des Königs regelmäfsig voran, und entsprechend finden wir auch in den erwähnten Briefen Ludwigs IX. die Voranstellung des kaiserlichen Namens. Auf die Gestaltung der salutatio ist oft der Inhalt des Briefes von wesentlichem Einflufs.

Heinrich IV. der im Jahre 1106 dem Könige Philipp I. in einem rührenden Briefe die ganze Furchtbarkeit seines Unglücks schildert, bringt die salutatio in die Form: H(einricus) Rom. imp. aug. Philippo regi Francorum coronam fidei et propinquitatis inviolabilem constantiam. In dem ausgesprochenen Wunsch ist der Sinn nicht zu verkennen, Philipp möge vor ähnlicher Treulosigkeit und Verletzung verwandtschaftlicher Bande bewahrt bleiben. Hinzugefügt ist die Anrufung: Princeps clarissime et omnium, in quibus post Deum speramus, amicorum nostrorum fidelissime! In den übrigen Briefen lautet der Wunsch regelmäfsig: salutem et sincerae (intimae) dilectionis affectum (sinceritatem). Friedrich I. legt sich, wie mehrfach in Urkunden in seinem ersten Brief an Ludwig VII. vom Jahre 1161 [3] eine Reihe von Titeln bei, welche Karls des Grofsen Titulatur entlehnt sind. Fr. D. gr. Rom. imp. praepotentissimus, a Deo coronatus, magnus et pacificus, inclytus, victor ac triumphator, semper augustus, dilecto consanguineo suo Ludovico, eadem gratia Francorum regi glorioso salutem et intimae dilectionis sinceritatem. In einem zweiten Briefe an Ludwig VII.[4] nennt er sich mit seinem gewöhnlichen Titel: Frid. D. gr. Rom. imp. et semp. aug., ebenso Heinrich VI. an Philipp August im Jahre 1192.[5]

---

[1] z. B. Huillard-Bréholles, hist. dipl. Frid. II. B. VI. 18. 501.
[2] *Codex Udalrici*, 129. ap. Jaffé V. 241.
[3] Bouquet XVI. 26.
[4] ib. 30.
[5] Roger de Hoveden ap. Bouquet XVII. 551.

Abgesehen von dem Briefe Heinrichs IV., in dem der Kaiser von sich in der Einzahl spricht und den französischen König mit vos anredet, ist die Redeweise in sämtlichen Briefen von Seiten der Kaiser: nos und tu, statt des einfachen tu auch nobilitas tua, Friedrich I. gebraucht den stolzen Ausdruck: placet sublimitati nostrae.

In der Einleitung der kaiserlichen Briefe findet sich mehrfach eine stolze Betonung der kaiserlichen Würde. So wenn Friedrich I. 1161 schreibt: Postquam divina clementia per quam reges regnant .... ad Romani imperii nos sublimavit gloriam; und Heinrich VI. beginnt einen Brief an Philipp August mit den Worten: Quoniam imperatoria celsitudo non dubitat etc.

In den beiden Briefen Friedrichs I. an Ludwig VII. erfolgt am Schlusse ein Hinweis auf die gegenseitige Freundschaft, an der man festhalten müsse.

In kurzen Worten können wir den Eindruck des Briefwechsels deutscher Kaiser mit französischen Königen also fixieren: Der Kaiser legt sich eine höhere Würde bei und diese wird ihm von der andren Seite zugestanden. Wir haben also wie beim Briefwechsel des Kaisers mit dem Papst ein beiderseitig anerkanntes Rechtsverhältnis vor uns.

Briefwechsel mit dem Könige von England.

Von einem freien persönlichen Verkehr zwischen dem deutschen Könige und dem englischen ist für die Zeit, die wir im ersten Teile unsrer Untersuchung ins Auge gefafst haben, nichts überliefert. Richard Löwenherz weilte nur als Gefangener in Deutschland, und es ist auch nicht anzunehmen, dafs er während seines Aufenthaltes am Kaiserhofe nach seiner Freilassung in denjenigen Formen mit Heinrich VI. verkehrte, die unter andren Verhältnissen zur Anwendung gekommen sein würden. Auch was wir von der Anwesenheit Ottos IV. in England wissen, bezieht sich nicht auf einen Verkehr der Könige. So sind wir in diesem Falle auf die Briefe angewiesen, wenn es uns darum zu thun ist, Formen zu finden, die wir gleichsam als einen Niederschlag der Theorie vom völkerrechtlichen Verhältnis beider Herrscher zu einander betrachten können. Um es kurz zu sagen: in diesen Briefen erscheint, wie es nicht anders zu erwarten ist, der englische König dem deutschen an Rang nachstehend. Das entscheidende Merkmal für eine solche Rangordnung ist wieder die Reihenfolge der Namen in der salutatio und diese überhaupt. Die Reihenfolge ist wie in der zuletzt betrachteten Gruppe: Alle Briefe, sowohl die an ihn adressierten wie die von ihm geschriebenen, beginnen mit dem Namen des Kaisers. Die Kaiser neunen sich in ihren Briefen an die englischen Könige in der Regel mit ihrem gewöhnlichen Titel, Friedrich I. einmal mit Beiworten aus der Titulatur Karls des Grofsen. Auch der englische König gebraucht dem Kaiser gegenüber seinen gewöhnlichen Titel.

Was die in der salutatio ausgesprochenen Beziehungen beider Herrscher zu einander betrifft, so reden sie sich gegenseitig als Freunde, der deutsche den englischen König auch als Bruder an. Wilhelm II. schreibt dem Kaiser Heinrich IV.: intimo suo [1], Heinrich II.: praecordiali amico suo Friderico [2] und Venerabili et excellentissimo principi Friderico D. gr. Rom. imp. semp. aug.[3] Friedrich I. schreibt an Heinrich II.: Dilectissimo fratri et intimo ac speciali amico suo H. illustri Anglorum regi etc.[4] oder dilectissimo amico suo H.[5] oder carissimo fratri Henrico illustri regi Angliae.[6]

Der Inhalt des Grufses lautet von Seiten des englischen Königs: dilectionem et veram amicitiam [7] oder salutem et verae

---
[1] Jaffé V. 168.
[2] Ragewin III. 7.
[3] Bouquet XVII. 629.
[4] Jaffé I. 594.
[5] *M. G. Leg.* II. 119.
[6] Bouq. XVII. 629.
[7] Jaffé V. 168.

pacis et dilectionis concordiam[1] oder in eo regnare per quem Reges regnant;[2] von Seiten des deutschen: salutem et omne bonum,[3] fraternae caritatis et amicitiae indissolubilis firmissimam connexionem[4], salutem et indissolubilem dilectionis affectum[5], salutem et dilectionem.[6] Der englische König spricht in der ersten und zweiten Person im selben Numerus, sei es in der Einzahl oder der Mehrzahl; der Deutsche schreibt nos und tu, was offenbar wieder ein Ausdruck der höheren Würde ist. Der englische König gebraucht auch — freilich nicht häufig — statt des einfachen Pronomen die Umschreibungen: tua oder vestra prudentia, excellentia, magnificentia, serenitas, majestas, imperialis majestas, der Kaiser: tua bonitas, benevolentia, magnificentia, nobilitas, dilectio. Einen grofsen Raum nimmt gerade in diesen Briefen die allgemeine Besprechung des freundschaftlichen Verhältnisses der beiden Könige ein oder ähnliche allgemeine Betrachtungen. Mehrfach findet sich eine längere Einleitung, so in Friedrichs I. Brief an Heinrich II. vom Jahre 1157, wo diese Einleitung mit ihrer allgemeinen Motivierung des Folgenden ganz den Charakter einer arenga hat und offenbar dieser in Urkunden gebräuchlichen Form nachgebildet ist.

Die in diesem Briefe sich findende Betonung der kaiserlichen Würde mufs ebenfalls hervorgehoben werden. Dem mag es gegenüber gestellt werden, wenn der englische König einmal[7] für seine Person die Umschreibung: nostra humilitas anwendet.

Der englische König schreibt einmal am Anfang seines Briefes, der deutsche möge versichert sein, dafs er (der Engländer) an gutem und bösem Geschick des deutschen innigen Anteil nehme. Eine förmliche Erklärung der Devotion und des Gehorsams gibt Heinrich II. in seinem Brief an Friedrich II.:[8] Regnum

---

[1] Rag. III. 7.
[2] Radulfus de Dic. ap. Bouquet XVII. 629.
[3] Jaffé V. 259.
[4] Jaffé I. 594.
[5] *M. G. Leg.* II. 119.
[6] Bouquet XVII. 629.
[7] Jaffé V. 168.
[8] Ragewin III. 7.

nostrum et quicquid ubique nostre subjicitur dicioni vobis exponimus et vestrae committimus potestati, ut ad vestrum nutum omnia disponantur, et in omnibus vestri fiat voluntas imperii. In zwei Briefen ist ein Wunsch am Schlusse ausgesprochen. Wilhelm II. schreibt: Vale in Domino et bene agas in seculo prosperaque utriusque vitae percipias commoda et quicquid exoptatur in amicitia. Friedrich I. schliefst einen Brief an Heinrich II.: Personam tuam et statum regni tui incolumem per longa tempora Deus omnipotens conservare dignetur. Wir sehen, dafs der englische wie der französische König die Superiorität des Kaisers anerkennt. Ist nun das Verhältnis dieser beiden Könige zum Kaiser das gleiche, oder ist ein Unterschied zu machen? Und worin besteht dieser?

Das Verhältnis ist in der That nicht in beiden Fällen dasselbe. Ich möchte sagen, zwischen dem Kaiser und dem französischen Könige ist ein kleinerer Abstand als zwischen dem Kaiser und dem Könige von England. Einen Ausdruck der Devotion wie den oben citierten wird man in Briefen des französischen Königs an den deutschen vergeblich suchen.[1]

Zwei Briefe des Königs von Dänemark.

Der in der Chronica Polonorum[2] mitgeteilte Briefwechsel des Polenkönigs mit dem Kaiser scheint mir wenigstens in der Form zu ungenau überliefert, als dafs ich auf Grund dieser wenigen Stücke Schlüsse auf die Art der ganzen Korrespondenz zu machen für zulässig halten kann.

Zwei Briefe dänischer Könige an Konrad III. sollen hier nicht unberücksichtigt bleiben.[3] Sie sind geschrieben im Jahre

---

[1] Der englische König erkennt auch einen höheren Rang des französischen an, der ja freilich zugleich sein Lehnsherr ist. Zwei Briefe des englischen an den französischen König bei Bouquet XVI. 110. 111.

[2] *M. G. Ss.* IX. 467. 471.

[3] Wib. ep. 337. 338. ap. Jaffé I. 467.

1151 vom Könige Sven und dem abgesetzten Könige Knud. Die salutationes lauten: C(onrado) Dei gr. Rom. imp. glorioso et semper aug. Sueno eiusdem nutu Danorum rex filialem dilectionem et debitam subjectionem und C(onrado) Dei gr. Rom. imp. aug. Canutus rex Danorum salutem. Die Redeweise ist nos und vos. Es ist hervorzuheben, dafs Konrad in beiden Fällen als imperator angeredet wird, obgleich ihm dieser Titel nicht zukommt. Die subjectio in der ersten salutatio darf vielleicht als Anerkennung des Vassallenverhältnisses betrachtet werden. Ein hoher Grad von Unterwürfigkeit liegt auch darin, dafs der dänische König Ausdrücke gebraucht, die sein Verhältnis zum deutschen wie das des Sohnes zum Vater erscheinen lassen. Sven bietet Konrad III. filialis dilectio und nennt ihn paternitas vestra. Es komme ihm zu, heifst es, für die Ehre des Sohnes Sorge zu tragen; Knud aber fleht den deutschen König an, väterlich an ihm zu handeln, er werde wie ein Sohn allen seinen Vorschriften folgen.

Man mag etwas von dem demütigen Ton der beiden Briefe der drangvollen Lage zuschreiben, in der sich beide Prätendenten befanden, die Formen werden auch unter andren Verhältnissen ähnlich gewesen sein. Sie sind wohl geeignet, die Ansicht, welche wir aus dem persönlichen Verkehr deutscher und dänischer Herrscher über das völkerrechtliche Verhältnis beider gewonnen haben, zu unterstützen.

Briefwechsel mit dem griechischen Kaiser.

Wir haben gesehen, wie eigenartig die widerspruchsvolle Stellung des römisch-deutschen und des griechischen Reiches in den Umgangsformen der Herrscher beider Staaten sich abspiegelt; ein interessantes Seitenstück dazu bietet der briefliche Verkehr deutscher und byzantinischer Kaiser. Aus den Formen der Briefe können wir sonst allemal ein bestimmtes, von beiden Seiten anerkanntes Rechtsverhältnis der Fürsten zu einander entnehmen: wie der Papst seine Würde über die aller weltlichen Fürsten, auch des höchsten unter ihnen, des abendländischen

Kaisers stellt, so nimmt auch dieser nicht Anstand, in der Form seiner Briefe seine Unterordnung unter das Kirchenhaupt offen an den Tag zu legen. Dem Könige von England schreibt der Kaiser als ein an Rang höherstehender Fürst, und der englische König erkennt diese Rangordnung an. Nur bei der Korrespondenz des deutschen Kaisers mit dem griechischen haben wir den Fall vor uns, dafs im Briefwechsel zweier Monarchen jedesmal der Schreiber des Briefes als der vornehmere Fürst erscheint, dafs beide sich dieselbe Würde zuschreiben, eine Würde, die gleichwohl nach beider Auffassung nur durch eine einzige Person in Wahrheit repräsentiert werden kann. Eine Auseinandersetzung über diesen Punkt erfolgt nicht, man schreibt hinüber und herüber, man berührt nur den eigentlichen Gegenstand in dem Briefe des andren und nimmt für sich gleichsam stillschweigend einen höheren Rang in Anspruch, den aber der andre nicht nur nicht anerkennt, sondern sich selbst beilegt. Konrad III. bezeichnet wohl einmal [1] das Verhältnis des deutschen zum griechischen Reiche wie das der Mutter zur Tochter; in dem uns gleichfalls erhaltenen Antwortschreiben[2], geht der Kaiser Johannes auf diesen Punkt nicht ein.

Zunächst und vor allem zeigt sich das sonderbare Verhältnis in den Aufschriften der Briefe. Hier in der salutatio, die wie niemals sonst überladen ist, stellt der Schreiber des Briefes seinen Namen regelmäfsig an die Spitze, also vor den des Adressaten was ja, wie wir wissen, den Anspruch auf eine höhere Stellung bedeutet. Auch Konrad III., der doch niemals Kaiser war, folgt dieser Form; nicht aber Heinrich, Konrads III. zum König gekrönter Sohn. Er, der erst der zweite im deutsch-römischen Reiche ist, erkennt die höhere Stellung des griechischen Kaisers der seinigen gegenüber an und setzt den Namen des Kaisers (oder der Kaiserin, an die ein Brief Heinrichs [3] ebenfalls erhalten ist) dem eigenen voran. Man sieht: der Griechenkaiser betrachtet

---

[1] Ottonis Frising. *Gesta Frid.* I. 25.
[2] ibidem.
[3] Wib. ep. 245. ap. Jaffé I. 367.

sich als den ersten Fürsten der Welt;[1] im Abendlande gilt der römische Kaiser, oder wenn ein solcher nicht existiert, der deutsche König für den ersten weltlichen Fürsten der Christenheit.

Für die Korrespondenz zwischen griechischen und deutschen Kaisern ist auch charakteristisch der eigentümlich überladene Stil, in dem diese Briefe geschrieben sind. In der byzantinischen Kanzlei war diese pomphafte Schreibart wohl noch aus altrömischer Kaiserzeit stammend, jedenfalls althergebracht und allgemein üblich; in Deutschland glaubte man wenigstens den griechischen Kaisern gegenüber in denselben Formen wie diese selbst sich bewegen zu müssen, und so finden wir hier wie dort dieselben schwülstigen, unwahren Redensarten. In weitschweifigen Einleitungen und langen Schlufssätzen wird die Gröfse und Bedeutung des eigenen Reiches gepriesen, dem alle Fürsten der Welt demütig ihre Huldigungen darbringen und dessen Wink sie gehorchen.

Man behandelt sich gegenseitig mit der ausgesuchtesten Höflichkeit. Von sich selbst sagt man nos, den andren redet man mit tu an, doch sind auch Ausnahmen von dieser Regel vorhanden. Statt des einfachen tu finden sich hier häufiger als sonst Ausdrücke wie tua celsitudo, sublimitas, nobilitas, magnitudo, magnificentia, discretio, discretionis tuae prudentia etc. Auch treffen wir statt des einfachen nos wohl auf das stolze majestas nostra. Unter den Höflichkeitsphrasen wiederholt sich namentlich der Gedanke, der einmal[2] ausgedrückt ist mit den Worten: successibus tue nobilitatis, quos . . . divina gratia desuper tibi contulit, quos gratanter audivimus, eque congaudemus, prout tuam nobilitatem nostre majestatis prosperitati congaudere non diffidimus. Auch Grüfse trägt man sich gegenseitig von und an Familienmitglieder auf. So läfst Konrad III. durch Kaiser Manuel dessen Gattin Irene grüfsen und übermittelt zugleich die Grüfse seines Sohnes Heinrich für Manuel und Irene. Es heifst dabei: Salutet . . . Heinricus . . . . et karissimam filiam nostram, suam utique

---

[1] Den Papst natürlich nicht ausgenommen. Ein Brief des griechischen Kaisers an ihn bei Bouquet XV. 440.

[2] Kap. Herr, *Abendländische Politik Kaiser Manuels* p. 156.

materteram. Der scheinbare Widerspruch zwischen den Ausdrücken filia und matertera erklärt sich dadurch, dafs Konrad als erster Fürst der Christenheit die Kaiserin Irene, die ihm viele Freundschaft erwiesen hatte, als seine Tochter anredete, so etwa wie der Papst alle weltlichen Fürsten und Fürstinnen seine Söhne und Töchter nennt. Übrigens war Irene (eigentlich Bertha) die Tochter von Konrads Gemahlin, also Heinrichs matertera. Noch häufiger [1] nennt Konrad Irene seine Tochter. Es bedarf nun auch keiner weiteren Erläuterung, wenn Heinrich schreibt: Karissime matri ac materterae suae E(irenae).

Wir kommen wieder auf die salutatio zurück. Friedrich I. hielt sich hier ganz an die von Karl dem Grofsen beobachteten Formalien. So schreibt er: F. divina favente clementia inclitus triumphator, Romanorum imperator a Deo coronatus, sublimis, in Christo fidelis, magnus, pacificus gloriosus Caesar, Graecorum moderator, et semper augustus, nobili et illustri regi Graecorum et imperatori Manueli, dilecto fratri suo, salutem et fraternae dilectionis affectum. [2] Manuel schreibt 1197 an Friedrich I.: Manuel in Christo Deo fidelis imperator, porphirogenitus, divinitus coronatus, regnator, potens, excelsus et semper augustus et Romanorum moderator magnificus, nobilissimo et gloriosissimo regi Alemanniae et imperatori et dilecto fratri nostro, imperii nostri salutem et fraterni amoris affectum.[3]

Die einzelnen salutationes weichen im einzelnen wohl von einander ab, in den charakteristischen Punkten stimmen alle überein.

Die Reihenfolge der Namen ist schon besprochen. Aus dem Ausdruck dilecto fratri ist keineswegs auf eine Gleichstellung zu schliefsen; auch dem englischen Könige schreibt Friedrich als dilectissimo fratri, wo also an eine Gleichstellung durchaus nicht zu denken ist. Auch in der salutatio im engeren Sinn wird von beiden Seiten dieses brüderliche Verhältnis zum Ausdruck gebracht.

---

[1] Jaffé I. 153 und 363.
[2] Die Aufschrift, wie die *Ann. Stad. M. G. Ss.* XVI. 349 geben, scheint mir besser überliefert als in der Form bei Kap- Herr.
[3] *Annales Stadenses. M. G.* XVI. 349.

Die oben gegebene Ausführung läfst es natürlich erscheinen, wenn Konrad III. der Irene paternam dilectionem, wenn Heinrich Manuel und Irene: filialis dilectionis indissolubilem gratiam bezeugt.

Sonderbar ist es, wenn Friedrich I. sich neben der Fülle andrer Titel auch den eines Grecorum moderator beilegt.

Jeder von beiden Kaisern nennt sich imperator Romanorum und keiner gesteht dem andren diesen Titel zu. Man nennt den Adressaten wohl imperator, aber eben nicht mit dem Zusatze Romanorum, sich selbst dagegen regelmäfsig: imperator Romanorum.[1] Dafs Kaiser Johannes den König Konrad III. mit einigem Nachdruck nur rex nennt,[2] kann nicht Wunder nehmen, in hohem Mafse aber, wenn Konrad selbst, der niemals Kaiser gewesen, sich dem Griechen gegenüber gleichwohl regelmäfsig als Romanorum Imperator bezeichnet und wenn sich Konrads Sohn Heinrich, ebenfalls nur den Griechen gegenüber, filius gloriosi ac serenissimi Conradi Romanorum imperatoris nennt. Bei der Betrachtung der Umgangsformen haben wir Konrad in seiner Besorgtheit um die Würde des Romanum imperium kennen gelernt, die in ihm wie in einem Kaiser geehrt werden mufste: in demselben Sinne sehen wir ihn nun gar einen Titel in offizieller Weise sich beilegen, den zu führen er in Wahrheit nicht berechtigt ist.

Von den Briefen, die Friedrich I. auf dem dritten Kreuzzuge mit dem griechischen Kaiser gewechselt hat[3], ist uns leider keiner im Wortlaut überliefert, wir können also Genaues über die darin vorkommenden Formen nicht sagen. Doch von

---

[1] Liudprand in der *legatio* c. 47. schildert die gewaltige Entrüstung der Griechen darüber, dafs der Papst in einem Briefe an den griechischen Kaiser diesen nur imperator Graecorum genannt habe. L. erwidert, in künftigen Briefen solle das nicht wieder geschehen: quarum superscriptio haec erit: Johannes papa Romanus Nicephoro, Constantino, Basilio magnis Romanorum imperatoribus atque augustis.

[2] Der Brief schliefst: Vale, nobilissime amice imperii mei, rex.

[3] cf. Riezler, *Forsch. z. dtsch. Gesch.* 10. p. 112.

einer Formverletzung, die hier eine Rolle gespielt hat, haben wir Kunde. Der Verfasser des sogenannten Briefes Dietpolds [1] erzählt vom griechischen Kaiser, „superbe et arroganter" habe er sich „angelus Dei et origo nostrae fidei et imperator Romanorum" genannt. Der Verfasser ist also in bezug auf den Titel imp. Rom. offenbar der Meinung, dafs derselbe allein Friedrich I. gebühre. Weiterhin wird erzählt, wie Friedrich zu den griechischen Gesandten gesprochen habe. Kaiser Isaak hatte in seinen Briefen an Friedrich es vermieden, dessen Namen zu nennen und auch den Titel imperator ihm nicht zu Teil werden lassen. Friedrich sprach seine Verwunderung darüber aus. So viele Könige und Fürsten wüfsten, dafs er Friedrich heifse und auch seine Würde sei ihnen wohl bekannt. Auch Isaaks Vorgänger Manuel habe ihn in Briefen mit Namen und Titel genannt, selbst als sie einander verfeindet gewesen seien. Friedrich beruft sich dabei sehr charakteristischer Weise auf Karl den Grofsen und dessen Kaiserwürde, er selbst aber habe diese Würde durch Papst Hadrian in Rom erlangt. Er werde in Zukunft keinen Brief des griechischen Kaisers mehr annehmen, nisi sollempnitas nominis et majestatis nostrae expresse in eis contineatur. Denn auch er nenne seinerseits den griechischen Kaiser beim Namen. Es ist doch bemerkenswert, dafs Friedrich keineswegs die Voranstellung seines Namens verlangte.

Einige Äufserlichkeiten des brieflichen Verkehrs.

Es gehörte zur guten Sitte, dafs ein Fürst zur Übermittelung eines Briefes an einen andern, um diesen zu ehren, eine vornehme Person mit dem Botenamt betraute, die dann auch der

---

[1] *M. G. Ss.* XVII. 510. cf. Wattenbach, *Geschichtsquellen* II. 273.

Verlesung des Briefes beiwohnte.[1] Darum empfindet es Friedrich I. als schwere Beleidigung, als ihm der Papst einen Brief durch einen unwürdigen und niedrigen Boten, jenen uns schon so wohlbekannten pannosus, schickt, welcher vor der Verlesung des Briefes wieder verschwindet.[2] Friedrich schickt sein Antwortschreiben durch einen vornehmen Boten.

Die Briefe wurden dem Könige wohl in der Regel aus dem Lateinischen ins Deutsche übersetzt. Es ist bekannt, welch' schwere Folgen die nur allzu getreue Übersetzung des Briefes Hadrians IV. an Friedrich durch Reinald von Dassel gehabt hat.[3] Auf die richtige Verdeutschung kam natürlich viel an, und wohl nicht ohne Grund erzählt Ragewin (III. 22) der zweite Brief des Papstes sei dem ehrwürdigen Otto von Freising zum Verlesen und Übersetzen gegeben worden, viro utique qui singularem habebat dolorem de controversia inter regnum et sacerdotium (von dem darum eine getreue Übersetzung zu erwarten war). Und in der That: lectis et benigna interpretatione expositis litteris imperator mitigatus est.

Die Überbringer der Briefe hatten gewöhnlich noch einen Auftrag mündlich auszurichten, neben dem der Brief oft als das weniger Wichtige erscheinen mochte. Manche Briefe[4] sind unter diesem Gesichtspunkt wesentlich als Begleitschreiben für die mit einem mündlichen Auftrag von einem Herrscher zum andern gehenden Personen zu betrachten. Derselbe Bote besorgte oft Brief und Antwort, eben so wie eine mündliche Erwiderung auf den von ihm ausgerichteten mündlichen Auftrag.

Die Briefe wurden wohl regelmäfsig mit einem Siegel versehen.[5] Wir wissen, dafs in der Kanzlei des griechischen Kaisers zu wichtigen Urkunden und Briefen nicht selten Goldschrift verwandt wurde. Wattenbach[6] erwähnt bereits den in Gold-

---

[1] So Ragewin III. 8. ff.
[2] Rag. IV. 18 und dazu die Stelle IV. 22.
[3] Rag. III. 8: *fida satis* (die Handschriften B, haben *nimis*) *interpretatio*.
[4] z. B. *Codex Udalrici* 174 ap. Jaffé V. 306.
[5] Erwähnt wird es z. B. Bouquet XVII. 563. cf. auch Wib. ep. 376. 377. ap. Jaffé I. 505.
[6] *Schriftwesen im Mittelalter* p. 215.

schrift angefertigten Brief Constantins IX. an den Kalifen von Cordova. „Kaiser Romanus schrieb aureis litteris an Konrad II. und ebenso Kaiser Manuel an Friedrich Barbarossa." Dazu kommt als dritter Beleg eine Stelle aus Liudprand (legatio c. 56.): His dictis atque completis, χρυσοβούλιον, id est epistolam auro scriptam et signatam mihi dederunt vobis deferendam etc. — ein mit Gold geschriebener und ebenso versiegelter Brief. Interessant ist, dafs an den Papst ein nur mit Silbersiegel versehener Brief geschickt wird.

Schlufs.

Wir wollen versuchen, mit wenigen Worten das Resultat dieser Untersuchungen zu skizzieren.

Indem wir die Formen des persönlichen und brieflichen Verkehrs der Fürsten betrachteten, konnten wir uns überzeugen, dafs eine gewisse Rangordnung unter den abendländischen Fürsten im Mittelalter allgemein anerkannt war.

An der Spitze steht der Papst; erst als der Zweite an Rang folgt ihm der Kaiser. Des Kaisers Würde aber steht über derjenigen aller übrigen abendländischen Fürsten.

Aufserhalb dieser Rangordnung, von der übrigens das politische Verhältnis der Staaten oft ganz unberührt bleibt, steht das byzantinische Kaisertum; das völkerrechtliche Verhältnis beider Kaiser zu einander ist Gegenstand des Streites.

Wir vergessen keinen Augenblick, dafs alles dieses bare Theorie ist, dafs die thatsächlichen Abstufungen zwischen der Macht und dem Einflufs der verschiedenen Fürsten oft genug sich anders gestaltet haben mögen als gemäfs der hier aufgestellten Rangordnung. Aber auch die Theorien kennen zu lernen ist namentlich im Mittelalter immer von Interesse. Denn wieder und wieder greift man nach langen Zeiträumen bei stets wechselnder Praxis auf dieselben Theorien zurück, um durch sie alte, längst untergegangene und vergessene Verhältnisse zu neuem Leben zu erwecken.

Verzeichnis der betrachteten Zusammenkünfte mit Quellenangabe.

Anmerkung. Ich beschränke mich auf eine Angabe derjenigen Quellen, deren Nachrichten in irgend einer Weise dazu dienen können, den formellen Hergang der Begegnungen und was damit zusammenhängt aufzuklären. Oft bleiben daher an dieser Stelle Quellen unerwähnt, die wohl über die politische Seite wichtige Mitteilungen enthalten, des beobachteten Ceremoniells aber mit keinem Worte gedenken. Die Zahl der angeführten Quellenstellen ist daher verhältnismäfsig gering. Es kommt mir zugleich darauf an, in der Anordnung nach den einzelnen Zusammenkünften überhaupt diejenigen Stellen zusammenzutragen in denen sich Angaben über das Ceremoniell finden. Von den wichtigeren hoffe ich dabei keine übersehen zu haben, wenn es auch wohl, um absolute Vollständigkeit zu erreichen, umfassenderer Quellenkenntnis bedurft hätte.

I. Verkehr mit dem Könige von Dänemark.

1) 1027. Konrad II. und Kanut der Grofse in Rom. Wipo, Schulausgabe 27. Brief Kanuts, Orig. Guelf II. 165. Mansi XIX. 499.
2) 1049. König Svend führt Heinrich III. ein dänisches Geschwader zu für den flandrischen Krieg. Florentius Wigorn., *Chron.* a. 1049, ed. Thorpe, Vol. I. p. 201.
3) 1053. König Svend vor Heinrich III. in Merseburg. Herim. Aug., *Chron. M. G. Ss.* V. 132. Adam. Brem. III. 17, *M. G. Ss.* VII. 342,

4) 1071. Heinrich IV. und Svend in Bardowiek (Lüneburg ?). Lamberti *annales M. G. Ss.* V. 194. Adam. Brem. III. 59. Bruno c. 20.
5) 1131. Lothar und Magnus am Danewirke. *Ann. Erphesfurd.* 1131. Helmold I. 50. *Ann. Patherbr.* (ed. Scheffer Boichorst) 1131. *Ann. Magdeb.* 1131. *Honorii summa M. G. Ss.* X. 131. Saxo Gramm. (ed. Müller et Velschow) 645.
6) 1134. Magnus vor Lothar in Halberstadt. *Ann. Patherbr.* 1134. (Ebenso *Ann. Col. M. G. Ss.* XVII. 757, *Annalista Saxo M. G. Ss.* VI. 768, *Ann. Hildesh. M. G. Ss.* III. 116). *Ann. Erphesfurd.* 1134. (*Ann. Pegav. M. G. Ss.* XVI. 256). Ottonis Fris. *Chron. M. G. Ss.* XX. 257. *Ann. Magdeb.* 1134. *Sächsische Weltchronik M. G. Deutsche Quellen* II. 206. *Gesta episc. Halberst. M. G. Ss.* XXIII. 106.
7) 1152. Die beiden dänischen Kronprätendenten vor Friedrich I. in Merseburg. Otto Fris. II. 5. Helmold I. 73. Saxo Gramm. 692.
8) 1162. Waldemar bei Friedrich in St. Jean de Losne. Helmold I. 90. Godefr. Viterb. *Gesta Frid. M. G. Ss.* XXII. 319. *Ann. Stadenses M. G. Ss.* XXVI. 344. *Ann. Palidenses M. G. Ss.* XVI. 92. *Ann. Col. max. M. G. Ss.* XVII. 777.
9) 1181. Friedrich I. und Waldemar vor Lübeck. Arnold. Lubec. II. 21. Saxo *Gramm.* p. 949.

II. Verkehr mit dem Könige von Ungarn.

1) 1041—45. Heinrich III. und König Peter von Ungarn *Ann. Corbejenses.* Jaffé I. 38. *Ann. Sangall. maj. M. G. Ss.* I. 84. Herim. Aug. *Chron. M. G. Ss.* V. 123. *Ann. Altah. maj. M. G. Ss.* XX. 795.
2) 1058. Agnes' und Heinrichs IV. Zusammenkunft mit Andreas. *Ann. Altah.* 1058. Stumpf 2559.
3) 1063. Heinrich IV. bei König Salomo in Stuhlweifsenburg. *Ann. Altah. m.* 1063.
4) 1074. Heinrich IV. unternimmt mit Salomo einen Kriegszug nach Ungarn. (Vom Verkehr beider ist nichts überliefert).
5) 1092. Eine Begegnung Heinrichs IV. mit Ladislaus durch Wolf von Bayern verhindert. Bernoldi *Chron. M. G. Ss.* V. 453.
6) 1189. Friedrich I. und König Bela. *Ann. Col. max. M. G. Ss.* XVII 797. Arn. Lubec. *M. G. Ss.* XXI. 171. Ansbertus in *Fonte rer. Austr.* I. Abt. V. 18.

III. Verkehr mit dem Herzoge von Polen.

1) 973. Mesco von Polen vor Otto I. in Quedlinburg. Thietmar II. 20. *Ann. Altah. m.* 973.
2) 984. Mesco erkennt Heinrich den Zänker in Quedlinburg als König an. Thietmar IV. 2.
3) 985. Mesco vor Otto III. in Quedlinburg. Thietmar IV. 7.
4) 991. Mesco vor Otto III. und Theophano in Quedlinburg. *Ann. Quedlinburgenses M. G. Ss.* III. 68.
5) 1000. Otto III. bei Boleslaw in Gnesen. *Ann. Quedl. M. G. Ss.* III. 77. Thietmar IV. 28. *Chronica Polonorum. M. G. Ss.* IX. 428.
6) 1013. Boleslaws Sohn Mesco in Magdeburg, Boleslaw selbst in Merseburg vor Heinrich II. *Ann. Quedl. M. G. Ss.* III. 81. Thietmar VI. 54.
7) 1033. Mesco vor Konrad II. in Merseburg. Wipo c. 20. *Ann. Hildesh.* 1032 (zu 1033 gehörig).
8) Kasimir vor Heinrich III. 1046 in Merseburg und Meifsen. 1050 in Goslar, 1054 in Quedlinburg. *Ann. Altah.*
9) 1071. Boleslaw vor Heinrich IV. in Meifsen. Lambert. *M. G. Ss.* V. 187.
10) 1135. Boleslaw vor Lothar in Merseburg. *Annalista* Saxo *M. G. Ss.* VI. 769. *Ann. Erphesfurd. M. G. Ss.* VI. 540. Ottonis Fris. *Chron. M. G. Ss.* XX. 257.
11) 1146. Wladislaw vor Konrad III. in Kaina. *Ann. Palidensis M. G. Ss.* XVI. 81. *Ann. Magdeb. M. G. Ss.* XVI. 187. Vincentius Prag. *M. G. Ss.* XVII. 662. Ottonis Fris. *Chron.* VII. 34.
12) 1157. Friedrich und Boleslaw. Ragewini *Gesta Friderici* III. 5 ff.

IV. Verkehr mit dem Könige von Burgund.

1) 926. Rudolf von Burgund (?) bei Heinrich I. in Worms. cf. Waitz *Heinr. I.* p. 92/93.
2) 935. Rudolf am Chiers bei Heinrich I. Flodoard, *M. G. Ss.* III. 382.
3) 1016. Heinrich II. und Rudolf III. in Strafsburg. Thietmar VII. 20.
4) 1018. Rudolf III. bei Heinrich II. in Mainz. Thietmar VIII. 5.

V. Verkehr mit dem Könige von Frankreich.

1) 921. Heinrich I. und Karl III. in Bonn. *M. G. L.* I. 567. Flodoard, *M. G. Ss.* III. 369.

2) 923. Heinrich I. und Rotbert an der Ruhr. Flod. *M. G. Ss.* III. 371.
3) 926. Rudolf bei Heinrich I. in Worms. cf. Waitz, *Heinrich I.* p. 92/93.
4) 931. Heinrich I. und Hugo in Ivois (?) St. 34 und 34a. Flod. *M. G. Ss.* III. 380.
5) 935. Heinrich I. und Rudolf am Chiers (?) St. 47. Widukind I. 39. Flod. 382.
6) 942. Otto I. und Ludwig IV. zu Void (?). Flod. 389. Richer II. 29. Dudo *M. G. Ss.* IV. 96. Hugonis Flavin. *Chron. M. G. Ss.* VIII. 360.
7) 946. Otto I. und Ludwig IV. in Frankreich. Cont. Regin. *M. G. Ss.* I. 620. Widuk. I. 2. Flod. 393. Richer II. 54.
8) 947. Ludwig IV. bei Otto I. in Aachen. Flod. 394. Richer II. 61.
9) 947. Otto I. und Ludwig IV. am Chiers. Wid. III. 5. Flod. 394. Richer II. 63. Artoldi libellum. *M. G. Leg.* II. 23. St. 149. 150.
10) 948. Ludwig IV. bei Otto I. auf der Synode zu Ingelheim. Cont. Reg. 620. Flod. 396. Richer II. 70.
11) 949. Otto I. und Ludwig IV. Flod. 399.
12) 950. Otto I. und Ludwig IV. Flod. 399.
13) 980. Otto II. und Lothar am Chiers. *Ann. Hildesh. M. G.* III. 64. Richer III. 78. Thietmar 761, Gesta ep. Cam. I. 104.
14) 984. Beabsichtigte Zusammenkunft zwischen Lothar und Heinrich dem Zänker zu Breisach. cf. Giesebrecht I. p. 617.
15) 986. Emma wünscht eine Zusammenkunft mit ihrer Mutter Adelheid zu Remiremont. Emmas Brief bei Bouquet IX. 287.
16) 987. Beabsichtigte Zusammenkunft zwischen Ludwig IV. und Adelheid zu Montfaucon. Gerbert ep. 96.
17) 987. Beabsichtigte Zusammenkunft zwischen Hugo und Theophano zu Stenay. Gerbert ep. 128.
18) 1006. Heinrich II. und Robert zu Domremy (?). Urkunde bei Bouquet X. 588.
19) 1023. Heinrich II. und Robert am Chiers. Gesta ep. Cam. III. 37. Rod. Glaber *M. G. Ss.* VII. 64.
20) 1033. Konrad II. und Heinrich I. zu Deville. Rod. Glab. 68. Urk. Martène et Durand II. 56.
21) 1043. Heinrich III. und Heinrich I. zu Ivois. *Ann. Altah.* 1043.
22) 1048. Dieselben in Ivois. Anselm ap. Watterich I. 113.
23) 1056. Dieselben in Ivois. Lambert 1056. *Ann. Altah.* 1056.
24) 1107. Beabsichtigte Zus. zw. Heinrich V. mit Philipp v. Frkr. u. Paschalis II. *Ann. Hildesh. M. G. Ss.* III. 111. *Ann. Path.* 116. *Ekkehardi Chron. M. G. Ss.* VI. 241.
25) 1148. Konrad III. und Ludwig VII. auf dem zweiten Kreuzzuge. Odo de Diogilo ap. Migne 185 p. 1202—46. Gesta Ludovici ap. Duchesne IV. 397 ff. Wilh. Tyrensis *Recucil des hist. des croisades* I. 744. Arn. Lub. *M. G. Ss.* XXI. 122.

26) 1162. Beabsichtigte Zus. zw. Friedrich I. u. Ludwig VII. zu St. Jean de Losne. Helmold *M. G. Ss.* XXI. 82. Godefr. Vit. *M. G. Ss.* XX. 319. *Ann. Stad. M. G. Ss.* XVI. 344. *Ann. Palid. M. G. Ss.* XVI. 92. Zwei Briefe Fr.'s I. an L. VII. ap. Bouquet XVI. 26. 30. *Ann. Col. max. M. G. Ss.* XVII. 777. Otto Morena ap. Murat VI. 1113. *Hist. Vizeliacensis mon.* ap. d'Achery II. 539.
27) 1170. Friedrich I. u. Ludwig VII. zu Vaucouleurs. *M. G. Leg.* II. 141.
28) 1187. Friedrich I. und Philipp August zw. Ivois u. Mouzon. Gisleb. Han. *M. G. Ss.* XXI. 554. *Ann. Mosom. M. G. Ss.* III. 163. *Gesta Trev. M. G. Ss.* XXIV. 387. *Ann. Marbae. M. G. Ss.* XVII. 164. Albericus *M. G. Ss.* XIII. 861.
29) 1192. Philipp August bei Heinrich VI. in Mailand. Ansbertus 112/13. Otto Saublas. *M. G. Ss.* XX. 323.
30) 1193. Beabsichtigte Zus. zw. Philipp August und Heinrich VI. Roger Hoved. ed Savile 413a. Wilhelmus de Newburgh ed. Hamilton. B. II. IV. p. 107.
31) 1212. Friedrich II. und der franz. Erbprinz Ludwig (VIII.) zu Vaucouleurs. Anonymus Laud. ap. *Bouquet* XXIII. 716. Urkunde H. B. I. 227. Rob. Altiss. ap. *Bouquet* XVIII. 281. Rigord ap. *Duchesne* V. 52. *Extraits des chroniques de St. Denis* ap. *Bouquet* XVII. *Rein. Leod. M. G. Ss.* XVI. 665.
32) 1224. Heinrich (VII.) u. Ludwig VIII. zu Vaucouleurs. *Gesta Ludov.* ap. *Bouquet* XVII. 307. *Extraits des chroniques de St. Denis* ap. *Bouq.* XVII. 420. Albericus *M. G. Ss.* XIII. 914. *Chron. Turon Bouquet* XVIII. 306.
33) 1299. Albrecht I. und Philipp IV. zu Vaucouleurs *Chron. Sampetr.* ap. Mencken III. 311. *Chron. Austr.* ap. Rauch II. 297. *Johan. Vict.* ap. Böhmer *Fontes* I. 341. Ottokari *Chron.* ap. Pez. 644 ff. Grenzinformation v. 1390 ap. Leibniz *Cod. iur. gent.* I. 453.

VI. Verkehr mit dem Papst.

1) 962-64. Otto I. und der Papst auf dem zweiten Römerzug. *Ann. Hildesh. M. G. Ss.* III. 61. Lambert *M. G. Ss.* III. 61. Cont. Reg. *M. G. Ss.* I. 625. Liudprandi *hist.* Ott. Schulausgabe 135/36. Benedicti *Chron. M. G. Ss.* III. 717.
2) 966—72. Otto I. und Johann XIII. auf Ottos drittem Römerzuge. Cont. Reg. *M. G. Ss.* I. 628. Annalista Saxo *M. G. Ss.* VI. 620. *Vita Deoderici M. G. Ss.* IV. 475.

3) 980—81. Otto II. in Rom. Mansi XIX. 73, 77.
4) 983. Johann XIV. beim Tode Ottos II. Thietmar III. 14
5) 996. Ottos III. Kaiserkrönung durch Gregor V.
6) 997/98. Otto III. trifft Gregor V. in Pavia und zieht mit ihm nach Rom. *Ann. Quedl. M. G. Ss.* III. 74.
7) 999—1001. Otto III. und Silvester. Thangmari *vita Bernw. M. G. Ss.* IV.
8) 1014. Heinrich II in Rom. Kaiserkrönung durch Benedict VIII. Thietmari *Chron.* VII. 1. *Vita Meinwerci M. G. Ss.* XI. 116. Rodulfus Glaber *M. G. Ss.* VII. 59.
9) 1020. Benedict VIII. bei Heinrich II. in Deutschland. *Ann. Ottenburani M. G. Ss.* V. 5. *Ann. Quedl. M. G. Ss.* III. 85. Herim. Aug. *Chron. M. G Ss.* V. 119. *Aun. Altah. maj. M. G. Ss.* XX. 790. Marianus Scotus *M. G. Ss.* V. 556. Bebos Brief ap. Jaffé V. 484 ff.
10) 1027. Konrad II. und Papst Johann XIX. Wipo, Schulausgabe 27 Stumpf, *Acta imperii* p. 48.
11) 1037. Konrad II. und Benedict IX. zu Cremona. Wipo 36. Herim Aug. 1037.
12) 1038. Konrad II. und Benedict IX. zu Spello. *Ann. Hild. M. G. Ss.* III. 102. In dieser Stelle wird allgemein (Giesebrecht, Brefslau) die Nachricht von einer Zusammenkunft zwischen Kaiser und Papst erkannt.
13) 1046—47. Heinrich III. und Clemens II. Herim. Aug. *M. G. Ss.* V. 126. Bonitho ap. Jaffé II. 627.
14) 1049—52. Leo IX. widerholt in Deutschland bei Heinrich III. Herim. Aug. 129. Lambert 1050/51. *Ann. Altah.* 1053. Ekkehardi *Chron.* 1053.
15) 1055. Heinrich III. uud Victor II. in Florenz.
16. 1056. Victor II. am kaiserlichen Hofe bei Heinrichs III. Tode. Berthold. *M. G. Ss.* XIII. 731. Lambert 1056. *Victoris vita* ap. Watterich I. 181.
17) 1077. Heinrich IV. und Gregor VII. in Canossa. Berthold. *M. G. Ss.* V. 289. Lambert 1077. *Aun. Augustani M. G. Ss.* III. 129. Bonizo ap. Jaffé II. 672. *Codex archivi Vaticani A.* Watterich I. 330. Gregors Schreiben, *Reg. Greg.* IV. 12.
18) 1081—84. Heinrich IV. und sein Gegenpapst Wibert. Kaiserkrönung.
19) 1093. Wibert beim Kaiser.
20) 1111. Heinrich V. und Paschalis II. *Ann. Ottenburani M. G. Ss.* V. 9. *Ann. Hildesh. M. G. Ss.* III. 112. *Ann. Path.* 123. *Ann. Romani M. G. Ss.* V. 474. Ekkehardi *Chron. M. G. Ss.* VI. 244. Sigeberti *Chron. M. G. Ss.* VI. 373. *Paschalis vita* ap. Watterich II. 8.

21) 1119. Beabsichtigte Zus. zw. Heinrich V. u. Calixt II. *Ann. Hild.* 114. Anselmi *cont. Sigeb. M. G. Ss.* VI. 377. Ann. *Mosomag M. G. Ss.* III. 162.
22) 1131. Lothar und Innocenz II. in Lüttich. *Ann. S.* Disibodi *M. G. Ss.* XVII. 24. *Ann. Path.* 156. Anselmi *cont. Sig. M. G. Ss* VI. 383. Bosonis *vita Innoc.* ap. Watterich II. 175. Sugerius *vita Ludov.* ap. Watt. II. 200. Ernaldi vita S. Bernh. ap. Watt. II. 203. *Hist. Compostellana* ap. Watt. II. 202. Gesta abb. Lobbiens. *M. G. Ss.* XXI. 325. Romuald. Sal. *M. G. Ss.* XIX. 421. Ordericus Vitalis *M. G. Ss.* XIII. 3. *Gesta ep. Camer. M. G. Ss.* VII. 523. Translatio Godeh. *M. G. Ss.* XII. 641. *Honorii summa M. G. Ss.* X. 131.
23) 1132/33. Lothar und Innocenz II. *Ann. Path.* 1132. *Ann. Magdeb. M. G. Ss.* XVI. 184. *Ann. Erphesfurd. M. G. Ss.* VI. 539. Anselmi *cont. Sig. M. G.* VI. 384. *Vita Norberti M. G. Ss.* XII. 701. *Anonymi Cass. chron.* Murat. V. 64. Falconis Ben. *chr.* Mur. V. 115. Ottonis Fris. *Chron. M. G.* XX. 257. Bosonis *vita Innoc.* ap. Watterih II. 176. Ernaldi *vita S. Bernh.* ap. Watt. II. 211. Coronatio *M. G. Leg.* II. 82.
24) 1137. Lothar und Innocenz II. *Annalista Saxo M. G. Ss.* VI. 773. *Ann. Magdeb. M. G. Ss.* XVI. 186. Falco Ben. ap. Watt. II. 220. Petri Diaconi *chron. M. G. Ss.* VII. 820 ff. *Sächsische Weltchronik M. G. Deutsche Chroniken* II. 207. Rom. Sal. *M. G. Ss.* XIX. 421.
25) 1147. Konrad III. fordert Eugen III. zu einer Zusammenkunft auf. Brief ap. Jaffé I. 112.
26) 1155. Friedrichs I. Zusammenkunft mit Hadrian IV. und Kaiserkrönung. Otto Fris., *Gesta Frid.* II. 20 ff. *Vita Hadr.* ap. Watt. II. 327 ff. Helmold *M. G. Ss.* XXI. 72.
27) 1160. Friedrich I. und Victor IV. in Pavia. Otto Fris. IV. 68. Vincent. Prag. *M. G. Ss.* XVII. 679. *Chron. Reichersp. M. G. Ss.* XVII. 488. *Ann. Reichersp. M. G. Ss.* XVII. 467. *Epistola concilii Pap. M. G. Leg.* II. 127.
28) 1167. Friedrich I. und Paschalis III. in Rom. Otto Morena ap. Mur. VI. 1151. *Ann. Aquenses* ap. Böhmer *Fontes* III. 394. *Ann. Col. max. M. G. Ss.* XVII. 781. *Chron. Reichersp. M. G. Ss.* XVII. 489.
29) 1177. Friedrich I. und Alexander III. in Venedig. Godefr. Vit. *M. G. Ss.* XXII. 330. Brief *M. G. Leg.* II. 153. Rom. Sal. *M. G. Ss.* XIX. 443. Roger de Hov. ap. Savile 324 b. *Vita Alexandri* III. ap. Watterich II. 432. ff. Sigeb. *Cont. Aquic. M. G. Ss.* VI. 416. *De pace Veneta Relatio M. G. Ss.* XIX. 462.
30) 1184. Friedrich I. und Lucius III. zu Verona. Arn. Lubec. *M. G. Ss* XXI. 154. *Ann. Marbac. M. G. Ss.* XVII. 162. Anon. Zwetl. ap. Pez I. 392. *Chron. Placent.* ed. Huill. Bréh. p. 11.

31) 1184. Beabsichtigte Zusammenkunft zwischen denselben am Gardasee Huill. Bréh. in *Notices et extraits des manuscrits* Tom. 21 b. p. 322/3
32) 1191. Heinrichs VI. Kaiserkrönung. Bericht des Cencius. *M. G. Leg.* II. 187 ff.
33) 1209. Ottos IV. Zusammenkunft mit Innocenz III. zu Viterbo und Kaiserkrönung. Arn. Lub. *M. G. Ss.* XXI. 429. *Ann. Ceccan. M. G. S.* XIX. 298. *Catalog. Vit. pont. Rom M. G. Ss.* XXII. 352. *Braunschw. Reimchronik M. G. Deutsche Chr.* II. 6625 ff. Rein. Leod. *M. G. Ss.* XVI. 662. *Ann. Col. max. M. G. Ss.* XVII. 824. *Chron. Fossae novae* ap. Mur. VII. 889. Rich. Sang. ap. Mur. VII. 983. Guil. Armor. ap. Bouquet XVII. 84. Otto Sanblas. *M. G. Ss.* XX. 333.
34) 1222. Friedrich II. und Honorius II. zu Veroli. *Breve chron. de reb. Sic.* ap. H. B. I. 896. Rich. Sang. ap. Mur. VII. 994. Brief ap. Raynaldi *ann. eccl.* I. p. 499.
35) 1223. Dieselben in Ferentino. *Chron. brev.* ap. H. B. I. 896. Rich. Saug. ap. Mur. VII. 995. Brief ap. Rayn. II. 513. Brief H. B. II. 318. Brief ap. H. B. VI. 409.
36) 1230. Friedrich II. und Gregor IX. zu Anagni. *Chron. br.* H. B. I. 903. Rich. Sang. ap. Mur. VII. 1023. *Vita Greg.* Mur. III. 577. *Ann. Col. max. M. G. Ss.* XVII. 482. Brief *M. G. IV.* 275. Brief ap. H. B. III. 228.
37) 1234. Dieselben zu Rieti. Rich. Sang. ap. Mur. VII. 1034. Brief ap. Petri de Vin. ep. I. 21. *Ann. Col. max. M. G. Ss.* XVII. 844. *Vita Greg.* ap. Mur. III. 580. Brief ap. H. B. IV. 472.

VII. Verkehr mit dem griechischen Kaiser.

1147—49. Konrad III. und Manuel auf dem zweiten Kreuzzuge. Odo de Diogilo ap. Migne t. 185 p. 1202—46. Joh. Cinnamus im *Corpus script. hist. Byz.* XV. p. 82 ff. *Gesta* Ludovici VII. ap. Duchesne IV. 397. *Ann. Herbipol. M. G. Ss.* XVI 7. Wilhelm Tyrensis *Recueil des hist. des crois.* I. 744. ff. Otto Fris. *Gesta* Frid. *M. G. Ss.* XX. 385. Brief ap. Jaffé I. 153. Arn. Lub. *M. G. Ss.* XXI. 122. Brief ap. Jaffé I. 355.

Berichtigungen.

S. 11. Nr. 3 statt Stengel lies Stenzel.
S. 20. Es mufs noch bemerkt werden, dafs die Zusammenkünfte an oder auf Flüssen auch schon bei den Römern vorkommen. Vergl. Drumann, Geschichte Roms I 359 über die Zusammenkunft am Reno.
S. 22. Z. 12 von oben statt Otto III. lies Otto II.
S. 24 auf der Skizze statt Quatre-Vaux (Quattuor Val de l'One) lies Quatre-Vaux (Quattuor Valles, Val de l'One).
S. 26. Z. 7 von oben statt 765 lies 865.
S. 30 auf der Skizze statt Stenav lies Stenay. Der undeutliche Name unter Carignan ist (Ivois) zu lesen. Die Klammer soll andeuten, dafs Ivois in der Gegend des heutigen Carignan gelegen hat. Ob etwa beide Orte identisch sind und nur der Name gewechselt hat, vermag ich nicht zu sagen.
S. 40. Z. 1 von unten statt Gregor II. lies Gregor VI.
S. 41. Z. 4 von oben statt Victor I. lies Victor II.
S. 47. Z. 7 von unten statt exbibere lies exhibere.
S. 50. Z. 10 von unten statt exbibitio lies exhibitio.
S. 130. Z. 1 von unten statt Friedrich II. lies Friedrich I.
S. 135. Z. 7 von oben statt Tochter lies Schwester.
S. 136. Z. 11 von oben statt Konrad II. lies Konrad III.

Register.

Aachen 32.
Adalbert v. Bremen 11. 12.
Adelheid, Kaiserin 22. 32. 126
Agapit I. 74.
Agnes, Kaiserin 5. 88—91.
Aisne 20.
Alarich, König der Westgothen 20.
Alberich v. Monte Cassino 67. 68. 69. 83. 91. 121. 124.
Alexander III. 31. 44. 49. 120. 124.
Amboise 20.
Anaclet II. 94. 95.
Anagni 44.
Andelys 19.
Andreasinsel 6.
Arenga 62. 125. 130.
Arnold v. Lübeck 49.
Athanarich, Gothenkönig 20.
Aufschrift, siehe Salutatio
Ars dictandi Aurelianensis 69. 70.
Äufserlichkeiten im brieflichen Verkehr 137—139.

Balduin, griechischer Kaiser 53.
Bamberg 17.
Bardowiek 11.
Bärwald 72. 73.
Baumgartenberger Formelbuch 72 73.
Begrüfsungsformen 6.10.14.36.41—44.
Bela, König von Ungarn 6.
Benedict VIII. 40. 41. 43.
Benedict v. St. Andrea 41. 42.
Benevolentiae captatio 62. 94. 97.

Bernhardi 12. 56.
Berthold 40.
Besuch. Erster B. auf dem nachbarlichen Gebiet 15.
Beureliacum 40.
Bischöfe als Gesandte zwischen König und Papst 39.
Böhmens Stellung zum Reich 2.
Böhmen. der Herzog v. B. vor dem Kaiser 15.
Böhmer 25. 28.
Boleslaw v. Polen 14. 15.
Bonn 18.
Boten 123. 125. 137. 138.
Bresslau 15. 16. 21. 29. 32. 35. 38. 43. 53.
Brevilly 40.
Brieflicher Verkehr souveräner Fürsten vor 911. 73—78.
Briefstil. Der mittelalterliche B. im allgemeinen 59—63.
Erlernung des B. 60.
Büdinger 6.
Burgund 2.
Persönlicher Verkehr des Königs v. B. mit dem Kaiser 16. 17.
Der Kaiser als König v. B. 87.

Calcinaja 48.
Calixt II. 23. 40. 91. 93.
Canossa 39. 57.
Carignan 21.
Cassiodor 64.

Chiers 17. 18. 21. 22. 23. 27. 29. 30. 40.
Childebert I. 76.
Chlodowech 20.
Chronicon Bertinianum 113.
Cicero 61. 109. 110.
Città Castellana 46.
Clemens II. 87. 88. 89.
Clemens III. 123.
Clemens V. 50. 51.
Codex Carolinus 76.
Codex Udalrici 69. 81.
Cölestin III. 125.
Collectio Sangallensis 66.
Conclusio 62. 63. 86. 91. 93. 95. 97.
Cordova. Kalif v. C. 139.
Cornificius 109.
Corroboratio 87.
Cursus 118. 119.

Dahlmann 11. 12.
Dänemark 2.
 Der König v. D. im persönlichen Verkehr mit dem Kaiser 7—13.
 im brieflichen Verkehr 131—132.
Danewirke 11.
Daniel 34.
Datierung 87—91.
Dedito 16.
Deuil 24.
Delbrück 90.
Deutsches Reich. Seine Stellung im Abendlande 17.
Dictatus papae 90.
Dietpold 137.
Dijon 31. 32.
Directe Anreden in Briefen 82. 88. 96.
Dole 10, 13, 31.
Dominicus 72.
Domremy-la-Pucelle 34. 35.
Donau 20.
Douzy 22.
Dudo von St. Quentin 33.
Dümmler 26. 33. 41. 66.

Eberhard von Bamberg 60. 83. 99. 100. 104. 105. 108. 109. 110. 111. 112. 114. 116.
Ehrenplatz des Kaisers 37.
Eider 11.
Eilau 14.
Einholen des deutschen Königs nach Rom durch den Papst 41. 42.
Einladungen 40.
Einleitung in Briefen (siehe auch arenga) 85.
Elster 15.
Emma, französische Königin 32. 126.
Empfang, den Kaiser und Papst einander bereiten 42. 43.
Empfehlung der Gesandten 94. 95. 97.
England 2.
 Der König von E. im persönlichen Verkehr mit dem Kaiser 128.
 im brieflichen Verkehr 128—131.
 Briefe des englischen Königs an den französischen 131.
Ephesus 55.
Eugen III. 83. 84. 85. 95. 96. 116. 117.
Exordium 62.

Fehlen einer Salutatio 76.
Feste 51. 52.
Flodoard 20. 27. 37.
Floto 8. 11. 89.
Formulae Bituricenses 66.
Frankreich 2.
 Der König v. F. im persönlichen Verkehr mit dem Kaiser 17—38.
 im brieflichen Verkehr 126—128.
Friedenskufs 42. 43. 46. 47.
Friedrich I. 6. 9. 11. 13. 23. 24. 30. 31. 32. 43—50. 79. 83—85. 95. 96. 98 ff. 120—125. 127—131. 135—139.
Friedrich II. 24. 40. 44. 50. 53. 72. 127
Friedrich von Schwaben 36.
Fufskufs 42. 43. 46. 48. 78.

Garnier 61. 74. 76. 77.
Gefolge der Fürsten 37.
Gerbert 80.
Gernand, Bischof von Brandenburg 70.
Gesandtschaften zur Vorbereitung von Zusammenkünften 35. 39.
Geschenke 5. 6. 12. 13. 14. 17. 38. 53. 57.
Gesta episcoporum Cameracensium 29.
Giesebrecht 11. 12. 14. 15. 40. 41. 45. 58. 81. 89. 93. 94. 103. 106. 113. 117. 120.
Gnesen 14.
Gold und Kostbarkeiten als Geschenke 38.
Goldschrift in Briefen 138. 139.
Goldsiegel 139.
Goslar 41.
Gran 6.
Gregor der Große 76.
Gregor VI. 40.
Gregor VII. 39. 77. 81. 82. 87. 89. 90. 91. 107.
Gregor VIII. 92. 125.
Gregor IX. 40. 44.
Grenze. Die Deutsch - französische Grenze 18.
An der G. wohnende Reichsfürsten als Vermittler von Zusammenkünften 12. 35. 36.
Grenzflüsse 19 ff.
Grenzregulierungen bei Gelegenheit von Zusammenkünften 28. 35.
Griechische Kaiser 2. 53. 54. 132. 133.
Die gr. K. im persönlichen Verkehr mit den deutschen 53—58.
im brieflichen 132—137.
Grüße in Briefen übermittelt 86. 95. 97.
Grußformel siehe Salutatio.
Guido v. Blandrate 98. 105.
Guillaume de Nangis 28.

Hadrian IV. 46. 79. 83. 95. 98 ff. 137. 138.

Halbsouveräne Fürsten, ihre Stellung zum Kaiser 2. 7. 13.
Handschriften des Ragewin 100 ff.
Havet 34.
Heffter 63.
Helmold 47.
Heinrich I. 16. 18. 21. 22. 33.
Heinrich II. 15. 22. 33. 34. 40. 41. 43.
Heinrich III. 5. 8. 23. 40. 41. 44. 87.
Heinrich IV. 6. 8. 15. 39. 40. 80. 81. 82. 89. 90. 91. 107. 127—129.
Heinrich V. 23. 40. 46. 82. 86. 91. 92. 93. 108.
Heinrich VI. 1. 42. 59. 120. 121. 123. 125. 127. 128.
Heinrich VII. 50.
Heinrich I., König von Frankreich 23. 35.
Heinrich II., König von England 32. 129. 130. 131.
Heinrich der Zänker 13.
Heinrich der Löwe 10.
Heinrich, Graf von Champagne 31.
Heinrich, römischer Kardinal 99. 104. 105. 108. 109. 116.
Hermann von Verden 103. 104. 105. 106.
Hildebrand (Gregor VII) 81. 82.
Hirsch 15. 16. 29. 33. 38. 43.
Hirschau 113 ff.
Hodo, Markgraf 14.
Hoftage 7. 13.
Horaz 109. 110.
Hugo, Herzog v. Francien 22.
Hugo Capet 22.
Hugo, Domherr in Bologna 68.

Janulasee 47.
Ingelheim 32. 37.
Innocenz II. 43. 46. 52. 94.
Innocenz III. 49. 71.
Johann XII. 79. 80.
Johann XIII. 51.
Johannes, griechischer Kaiser 133. 136.
Johannes Anglicus 72. 119.

Johannes Bononiensis 72.
Jordan 100.
Journées des Estans 28.
Irene, griechische Kaiserin 56. 57. 58. 134. 135. 136.
Isaak, griechischer Kaiser 137.
Justinian I. 54.
Justinian II. 74.
Ivois 21. 23. 27. 29. 40.

Kaiserkrönungen 41.
Kaisertum. Seine Stellung im Abendlande 2. 96.
Kanut der Grofse 8. 12.
Kap-Herr 54. 134. 135.
Karl der Grofse 53. 54. 65. 74. 77. 107. 118. 127. 129. 135. 137.
Karl IV. 23.
Karl der Einfältige 18. 33.
Knud, abgesetzter König von Dänemark 132.
Konrad I. 1.
Konrad II. 8. 12. 35. 139.
Konrad III. 2. 36. 53—58. 83—86. 95—97. 107. 108. 122. 131—136.
Konrad, Sohn Heinrich IV. 45.
Konrad von Burgund 17.
Konrad von Mure 71.
Konstantin der Grofse 45. 54.
Konstantin IX. 139.
Konstantinische Schenkung 45. 112. 118.
Konstantinopel 54. 58.
Küssen der Souveräne 10. 36. 42. 43.

Labarum 87.
Lehnshuldigungen 5. 7. 8. 9. 10. 12.
Leibniz 25.
Leo der Grofse 76.
Leo IV. 77.
Leo IX. 87.
Liber diurnus 65. 66.
Liudprand 136.

Lothar 8. 9. 11. 43. 46. 47. 48. 50. 52. 83. 94. 95. 108.
Lothar von Frankreich 20. 22.
Löwenfeld 87. 113.
Lübeck 10.
Lucan 109. 111.
Ludolf von Hildesheim 70. 126.
Ludwig der Fromme 45. 77. 116.
Ludwig II. 45. 47.
Ludwig der Jüngere 66.
Ludwig der Stammler 66.
Ludwig IV. von Frankreich 22. 27. 33. 37.
Ludwig VII. von Frankreich 24. 30. 31. 32. 36. 55. 127. 128.
Ludwig IX. von Frankreich 127.
Lüneburg 11.
Lüttich 43. 46. 48.

Maas 18. 21. 22. 27. 29. 30. 33. 40.
Magnus, König von Dänemark 9. 11.
Mahlzeiten, gemeinschaftliche 37. 51.
Mailand 32.
Mainz 7.
Mantel, Ablegen desselben 44. 48.
Manuel 53—58. 134—137. 139.
Marchfeld 6.
Marculf 66.
Margaretha, Königin von Ungarn 6.
Margny, Margoil, Margolius, Margut, Mairy, Marville 22.
Martin I. 74.
Meifsen 15.
Merseburg 8. 13.
Messe, gemeinschaftliches Hören derselben 37.
Metz. Bischof von M. 36.
Monte Cassino 52.
Montfaucon 22.
Mosel 32.
Mouzon 21. 22. 23. 29. 40.
Mündlicher Auftrag der Überbringer von Briefen 138.

Narratio 62. 92.
Nauclerus 113 ff.
Neutrale Punkte. Wahl derselben für deutsch-französische Königsbegegnungen 18. 28. 29.
Nepi 46.
Nicolaus, König von Dänemark 9. 11.
Nicolaus I., Papst 77.
Numerus in Briefen 63. 71. 84. 88. 90. 94. 96. 99. 106. 107. 108. 116. 117. 130.

Octavian (Victor IV) 120.
Oelsner 45.
Orosius 111.
Orte, Wahl derselben für Zusammenkünfte 11. 18 ff.
Otto I. 2. 12. 13. 16. 17. 22. 26. 27. 33. 37. 41. 42. 44. 51. 52. 54. 79. 86.
Otto II. 20. 22. 33. 51. 52.
Otto III. 13. 14. 80. 86.
Otto IV. 49. 129.
Otto von Freising 44. 111. 138.
Ottokar von Steier 36.
Ovid 110. 111.

Papst 2.
Der Papst im persönlichen Verkehr mit dem Kaiser 38—53.
im brieflichen Verkehr 78—126.
Paschalis II. 40. 81. 82. 91. 92. 124.
Pavia 48.
Pelagius I. 76.
Peter, König von Ungarn 5.
Peters 44.
Petitio 62. 85. 92. 123.
Petrus Capinensis 45.
Pflugk-Harttung 91.
Philipp I. von Frankreich 127.
Philipp II. August 19. 23. 25. 127.
Piacenza 41.
Pippin 45. 66.
Polen 2.

Der Polenherzog im persönlichen Verkehr mit dem Kaiser 12—16.
im brieflichen Verkehr 131.
Prooemium 62.
Proverbium 62.
Practica Dictaminis 72.
Prefsburg 6.
Prutz 9. 103. 106. 108.

Quattuor Valles 25.
Quedlinburg 13.

Ragewin 98—112. 138.
Rangordnung unter den abendländischen Fürsten 62. 139.
Ranke 11. 36. 81.
Raumer 103. 106.
Ravenna 51.
Raynald, Abt von Monte Cassino 52.
Reichsfürsten im Verkehr mit auswärtigen Souveränen 11. 14. 15.
An der Grenze wohnende R. als Vermittler v. Zusammenkünften der Souveräne 35.
Reihenfolge der Namen in der Salutatio 61. 62. 77. 89. 98. ff. 121. 129 ff.
Reihenfolge in der Abstattung der gegenseitigen Besuche 21. 23.
Reims, Erzbischof von R. 36.
Reinald von Dassel 32. 138.
Reliquien als Geschenke 38. 53.
Remiremont 32.
Reuter 103. 115.
Rhein 18. 23.
Ribbeck 103. 107.
Richard Löwenherz 19. 24. 128.
Richenza 95.
Richer 37.
Rieti 40.
Riezler 136.
Rigny (Rinel) 23. 24.
Rinel 24.

Robert, König von Frankreich 22. 33. 34.
Robert, französischer Gegenkönig 21.
Rockinger 60. 67.
Rodulfus Glaber 29.
Roger, König von Sicilien 55. 56. 57.
Roland (Alexander III.) 120.
Rom 41. 46. 51. 52.
Romanus, griechischer Kaiser 139.
de Rozière 65.
Rudolf von Schwaben 89. 91.
Rodolf (von Frankreich oder Burgund) 16.
Rudolf III. von Burgund 16. 17.
Ruodlieb 38.
Rura 21.

Sachsenspiegel 49.
Sächische Summa prosarum dictaminis 70.
St. Jean de Losne 10. 29. 30. 31. 32. 35. 36.
Sallust 110. 111. 114.
Salomo, König von Ungarn 6.
Salutatio 61. 62. 121.
Salutatio circumscripta 68. 83. 91. 121. 124. 125.
Salutatio prescripta 68. 124.
Salutatio subscripta 68.
Saone 30. 31.
Scheffer Boichorst 111.
Schwabenspiegel 49.
Schwerttragen des Vassallen 9. 13.
Sedan 18.
Segen, Apostolischer 89.
Seine 19.
Sickel 22. 26. 27. 68. 77.
Siegel 87. 138. 139.
Sigeberti continuatio Aquicinctina 113 ff.
Silvester. Der h. S. 45.
Silvester II. 86.
Simonsfeld 100. 101. 103.
Sitze, Anordnung derselben 53.

Spruner-Mencke 32.
Steigbügelhalten 43. 44—47. 78.
Steindorff 8. 35.
Stenay 22.
Stenzel 11.
Stilus (Cursus) 119.
Strafsburg 17.
Subscriptio 62. 63. 76. 77.
Sutri 46. 48.
Svend, Könige von Dänemark 8. 9. 11. 132.

Terenz 109.
Termin für Zusammenkünfte 36.
Theophano 13. 22. 126.
Theorien des Briefstils 63—73.
Thessalonich 58.
Thusey 24. 26. 27.
Toul 23. 25. 28.
Bischof von T. 35.

Übersetzen der Briefe 138.
Uguccio von Vercelli 103—106.
Umarmungen der Fürsten 10. 36. 42.
Umschreibungen der ersten und zweiten Person 84. 122. 123. 124. 125.
Ungarn 2.
Der König von U. im persönlichen Verkehr mit dem Kaiser 5—7.
Unterfertigung 87.
Urban III. 125.

Val de l'One 23. 25. 28. 29.
Valens 20.
Variae Cassiodors 64. 65.
Vaucouleurs 23. 24. 25. 26. 28. 29.
Venedig 44. 49. 120. 124.
Verdun, Vertrag von V. 18.
Verlesung der Briefe 138.
Vernon 19.

Veusegus 24. 33.
Victor II. 41. 88. 89.
Victor IV. 30. 31. 44. 45. 48.
Void 24. 33.
Voisey 33.
Vorverhandlungen und ihre Bedeutung für die Zusammenkünfte 39. 40.
Vouziers 33.
Voyse 33.

Wagner 103. 106. 113 ff.
Waitz 9. 16. 21. 33. 36. 41. 45. 100. 101. 103.

Waldemar von Dänemark 10. 12. 13.
Wattenbach 60. 64. 67. 68. 137 138. 139.
Weiland 113.
Wibald 56. 60. 83.
Wibaldsche Sammlung 95.
Wilhelm II. von England 129. 131.
Wilmans 108.
Worms 32.
Wormser Konkordat 93.

Zeifsberg 14.
Zurückweisung der Geschenke 14. 38.